KB087106

#내신 대비서
#고득점 예약하기

영어전략

Chunjae
Makes
Chunjae

▼

[영어전략] 중학 2 어휘

편집개발 김미연, 김유빈, 정승은
영문 교열 Matthew D. Gunderman, Ryan Paul Lagace
제작 황성진, 조규영
디자인총괄 김희정
표지디자인 윤순미, 장미
내지디자인 신정원, 디자인 톡톡

발행일 2022년 8월 15일 초판 2022년 8월 15일 1쇄
발행인 (주)천재교육
주소 서울시 금천구 가산로9길 54
신고번호 제2001-000018호
고객센터 1577-0902
교재 내용문의 (02)3282-1794

※ 정답 분실 시에는 천재교육 교재 홈페이지에서 내려받으세요.

어휘

영어전략
중학 2
BOOK 1

이 책의 **구성과 활용**

이 책은 3권으로 이루어져 있는데
본책인 BOOK1, 2의 구성은 아래와 같아.

주 도입

재미있는 만화를 통해 한 주 동안 학습할 내용이 무엇인지 미리 살펴봅니다.

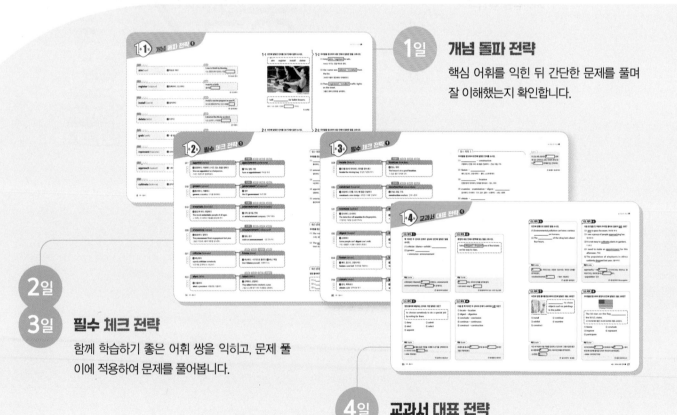

1일

개념 돌파 전략

핵심 어휘를 익힌 뒤 간단한 문제를 풀며 잘 이해했는지 확인합니다.

2일

3일

필수 체크 전략

함께 학습하기 좋은 어휘 쌍을 익히고, 문제 풀이에 적용하여 문제를 풀어봅니다.

4일

교과서 대표 전략

내신 기출 문제의 대표 유형을 풀어 보며 실제 학교 시험 유형을 익힙니다.

부록 **시험에 잘 나오는 개념 BOOK**

부록은 뜯어서 미니북으로 활용하세요!
시험 전에 개념을 확실하게 짚어 주세요.

주 마무리와 권 마무리의 특별 코너들로
영어 실력이 더 탄탄해질 거야!

주 마무리 코너

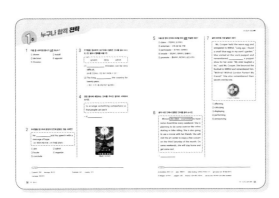

누구나 합격 전략

쉬운 문제를 풀며 앞서 학습한 내용을 정리하고 학습
자신감을 높입니다.

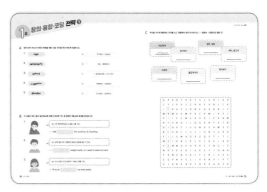

창의·융합·코딩 전략

융복합적 사고력과 문제 해결력을 키울 수 있는 재미
있는 문제를 풀며 한 주의 학습을 마무리합니다.

권 마무리 코너

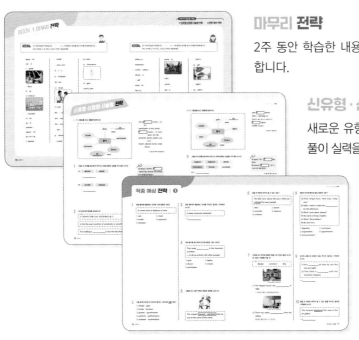

마무리 전략

2주 동안 학습한 내용을 한눈에 정리하며 어휘를 총정리
합니다.

신유형·신경향·서술형 전략

새로운 유형의 다양한 서술형 문제를 풀며 문제
풀이 실력을 키웁니다.

적중 예상 전략

예상 문제를 풀며 실제 학교 시험에
대비합니다.

이 책의 차례

BOOK ❷

동사 1

그림을 보고, 단어의 의미를 추측해 보세요.

❶ register 등록하다

❷ associate 연상하다

❸ exhibit 전시하다

❹ obtain 얻다, 획득하다

001 □□□

aim [eim]

동 목표로 하다

Quiz

I **aim** to finish by Monday.

나는 월요일까지 끝내는 것을 [ ].

답 목표로 한다

002 □□□

register [rédʒistər]

동 등록하다, 신고하다

Quiz

register a birth

출생을 [ ]

답 신고하다

003 □□□

install [instɔ́ːl]

동 설치하다

Quiz

Install a vaccine program on your PC.

당신의 컴퓨터에 백신 프로그램을 [ ].

답 설치하세요

004 □□□

delete [dilíːt]

동 지우다

Quiz

I **deleted** the file by accident.

나는 실수로 그 파일을 [ ].

답 지웠다

005 □□□

grab [græb]

동 ~을 움켜쥐다, ❶[ ]

Quiz

I **grabbed** the door handle.

나는 문손잡이를 ❷[ ].

답 ❶붙잡다 ❷잡았다

006 □□□

represent [rèprizént]

동 나타내다, ❶[ ]

Quiz

What do the circles **represent**?

원들은 무엇을 ❷[ ]?

답 ❶대표하다 ❷나타내니

007 □□□

approach [əpróutʃ]

동 ~에 접근하다, 다가가다

Quiz

She **approached** me for a handshake.

그녀가 악수하기 위해 내게 [ ].

답 접근했다

008 □□□

cultivate [kʌ́ltəvèit]

동 경작하다, 재배하다, ❶[ ]

Quiz

cultivate watermelon

수박을 ❷[ ]

답 ❶기르다 ❷재배하다

1-1 빈칸에 알맞은 단어를 〈보기〉에서 골라 쓰시오.

┌─ 보기 ┐
aim   register   install   delete
└──────────────────────┘

ⓒ bezikus / Shutterstock

┌──────────────────────┐
I will _____ for ballet lessons.
└──────────────────────┘

해석 | 나는 발레 수업에 [   ] 것이다.

📖 등록할

1-2 우리말을 참고하여 네모 안에서 알맞은 말을 고르시오.

(1) Amy aims / registers to win.

Amy는 이기는 것을 목표로 한다.

(2) Her name was deleted / installed from the list.

그녀의 이름이 명단에서 삭제되었다.

(3) They registered / installed traffic lights on the street.

그들은 길에 신호등을 설치했다.

2-1 빈칸에 알맞은 단어를 〈보기〉에서 골라 쓰시오.

┌─ 보기 ┐
grab   represent   approach   cultivate
└──────────────────────┘

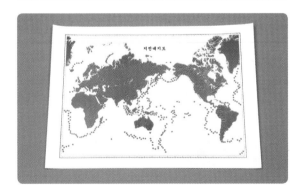

┌──────────────────────┐
The red dots on the map _____
earthquake zones.
└──────────────────────┘

해석 | 지도에서 붉은 점들은 지진대를 [   ].

📖 나타낸다

2-2 우리말을 참고하여 네모 안에서 알맞은 말을 고르시오.

(1) The land is too dry to cultivate / represent crops.

그 땅은 너무 건조해서 농작물을 경작할 수 없다.

(2) I heard footsteps grabbing / approaching .

나는 다가오는 발소리를 들었다.

*footstep 발소리

(3) The child grabbed / cultivated me by the hand.

그 아이는 나의 손을 잡았다.

009 ☐☐☐

claim [kleim]   ⑧ 주장하다, 요구하다 ⑲ 주장, 청구

Quiz

He **claims** that the dog bit him.

그는 그 개가 자신을 물었다고 ☐☐☐☐.

답 주장한다

010 ☐☐☐

recognize [rékəgnàiz]   ⑧ 알아보다, ❶☐☐☐

Quiz

Can you **recognize** her?

당신은 그녀를 ❷☐☐☐ 수 있습니까?

답 ❶ 인정하다 ❷ 알아볼

011 ☐☐☐

promote [prəmóut]   ⑧ 홍보하다, ❶☐☐☐, 승진시키다

Quiz

She was **promoted** to CEO.

그녀는 최고 경영자로 ❷☐☐☐.

답 ❶ 촉진하다 ❷ 승진했다

012 ☐☐☐

invade [invéid]   ⑧ 침입하다, 침략하다, 침해하다

Quiz

invade the rights of others

타인의 권리를 ☐☐☐☐

답 침해하다

013 ☐☐☐

drown [draun]   ⑧ 익사하다, 물에 빠지다

Quiz

A **drowning** man will catch at a straw.

☐☐☐☐ 사람은 지푸라기라도 잡는다.

답 물에 빠진

014 ☐☐☐

participate [pɑːrtísəpèit]   ⑧ 참가하다, ❶☐☐☐

Quiz

participate in a meeting

회의에 ❷☐☐☐

답 ❶ 참여하다 ❷ 참석하다

015 ☐☐☐

associate [əsóuʃièit]   ⑧ 연상하다, ❶☐☐☐, 사귀다

Quiz

Don't **associate** with him.

그와 ❷☐☐☐ 마.

답 ❶ 결부 짓다 ❷ 사귀지

016 ☐☐☐

threaten [θrétn]   ⑧ 위협하다, ❶☐☐☐, ~의 조짐이 있다

Quiz

Global warming is **threatening** our environment.

지구 온난화가 우리의 환경을 ❷☐☐☐ 있다.

답 ❶ 협박하다 ❷ 위협하고

3-1 빈칸에 알맞은 단어를 〈보기〉에서 골라 쓰시오.

┌─ 보기 ┐
claim   recognize   promote   invade

© Prostock-studio / Shutterstock

I _____(e)d her on the street.

해석 | 나는 길에서 그녀를 [   ] .

📖 알아보았다

3-2 우리말을 참고하여 네모 안에서 알맞은 말을 고르시오.

(1) He visited Seoul to [promote / claim] his films.

그는 자신의 영화를 홍보하기 위해 서울을 방문했다.

(2) Russia [invaded / recognized] Ukraine in 2022.

2022년에 러시아가 우크라이나를 침공했다.

(3) He [invades / claims] that he is not guilty.

그는 자신이 유죄가 아니라고 주장한다.

*guilty 유죄의, 죄를 범한

4-1 빈칸에 알맞은 단어를 〈보기〉에서 골라 쓰시오.

┌─ 보기 ┐
drown   participate   associate   threaten

© Africa Studio / Shutterstock

People _____ jeans with youth.

해석 | 사람들은 청바지를 (보고) 젊음을 [   ] .

📖 연상한다

4-2 우리말을 참고하여 네모 안에서 알맞은 말을 고르시오.

(1) An ant was [threatened / drowned] in the river.

개미 한 마리가 강물에 빠졌다.

(2) I wanted to [participate / associate] in the marathon.

나는 마라톤에 참가하고 싶었다.

*marathon 마라톤

(3) Heavy rain will [threaten / drown] the city this weekend.

이번 주말에 도시에 폭우가 올 조짐이 있다.

*heavy rain 폭우

A 영어를 우리말로 쓰기

1. install _____
2. represent _____
3. recognize _____
4. delete _____
5. invade _____
6. register _____
7. participate _____
8. threaten _____

9. approach _____
10. grab _____
11. aim _____
12. cultivate _____
13. claim _____
14. drown _____
15. promote _____
16. associate _____

B 우리말을 영어로 쓰기

1. ~을 움켜쥐다, 붙잡다 _____
2. 목표로 하다 _____
3. 경작하다, 재배하다, 기르다 _____
4. 참가하다, 참여하다 _____
5. 나타내다, 대표하다 _____
6. 설치하다 _____
7. 주장하다, 요구하다; 주장, 청구 _____
8. 익사하다, 물에 빠지다 _____

9. ~에 접근하다, 다가가다 _____
10. 알아보다, 인정하다 _____
11. 연상하다, 결부 짓다, 사귀다 _____
12. 홍보하다, 촉진하다, 승진시키다 _____
13. 등록하다, 신고하다 _____
14. 침입하다, 침략하다, 침해하다 _____
15. 지우다 _____
16. 위협하다, 협박하다, ~의 조짐이 있다 _____

C 빈칸에 알맞은 단어 고르기

1.

We asked him to _____ security cameras.

① invade   ② recognize   ③ install

2.

My grandmother _____s roses in her garden.

① participate   ② cultivate   ③ promote

3.

We _____ to help the poor children.

① approach   ② aim   ③ threaten

security ❶ [_____]
poor ❷ [_____], 빈곤한

답 ❶ 보안 ❷ 가난한

D 영영 풀이에 해당하는 단어 고르기

1.

to remove something that has been written or printed

① delete   ② associate   ③ invade

2.

to take hold of someone or something suddenly

① grab   ② install   ③ drown

3.

to know someone or something because you have seen them before

① cultivate   ② recognize   ③ represent

remove ❶ [_____], 제거하다
take hold of ❷ [_____]

답 ❶ 없애다 ❷ ~을 잡다

파생어 | 반의어 | 유의어 | 혼동어

017 appoint [əpɔ́int]
- ☐
- ☐
- ☐

图 임명하다, 지명하다, (시간, 장소 등을) 정하다
She was **appoint**ed as chairperson.
그녀는 회장으로 임명되었다.

appointment [əpɔ́intmənt]

명 약속, 임명, 지명
have an **appointment** 약속을 하다

파생어 | 반의어 | 유의어 | 혼동어

018 govern [gʌ́vərn]
- ☐
- ☐
- ☐

图 통치하다, 지배하다
govern a country 나라를 통치하다

government [gʌ́vərnmənt]

명 정부
the US **government** 미국 정부

파생어 | 반의어 | 유의어 | 혼동어

019 entertain [èntərtéin]
- ☐
- ☐
- ☐

图 즐겁게 하다, 대접하다
The movie **entertain**s people of all ages.
그 영화는 전 세대의 사람들을 즐겁게 한다.

entertainment [èntərtéinmənt]

명 오락, 즐거움, 연예
an **entertainment** company 연예 기획사

파생어 | 반의어 | 유의어 | 혼동어

020 announce [ənáuns]
- ☐
- ☐
- ☐

图 발표하다, 알리다
They **announce**d their engagement last year.
그들은 작년에 그들의 약혼을 발표했다.

announcement [ənáunsmənt]

명 발표, 공고
make an **announcement** ~을 공표하다

파생어 | 반의어 | 유의어 | 혼동어

021 criticize [krítəsàiz]
- ☐
- ☐
- ☐

图 비난하다
openly **criticize** somebody
누군가를 공개적으로 비난하다

blame [bleim]

图 비난하다, ~의 탓으로 돌리다 명 비난, 책임
Don't **blame** yourself. 자책하지 마.

파생어 | 반의어 | 유의어 | 혼동어

022 elect [ilékt]
- ☐
- ☐
- ☐

图 선출하다
elect a president 대통령을 선출하다

select [silékt]

图 선택하다, 선정하다
They **select** twelve students a year.
그들은 일 년에 열두 명의 학생들을 선발한다.

필수 예제 1

우리말을 참고하여 빈칸에 알맞은 단어를 쓰시오.

(1) _____ − government

통치하다, 지배하다 − 정부

(2) announce − _____

발표하다, 알리다 − 발표, 공고

(3) _____ − blame

비난하다 − 비난하다, ~의 탓으로 돌리다; 비난, 책임

(4) appoint − _____

임명하다, 지명하다, (시간, 장소 등을) 정하다 − 약속, 임명, 지명

(5) entertain − _____

즐겁게 하다, 대접하다 − 오락, 즐거움, 연예

Guide

(1), (2), (4), (5)는 동사와 ❶ ☐
관계에 있는 단어이고, (3)은 서로
❷ ☐ 관계에 있는 단어이다.

🔖 ❶ 명사 ❷ 유의어

확인 문제 1-1

우리말을 참고하여 밑줄 친 표현이 맞으면 ○, 틀리면 ×에 표시하시오.

(1) She was <u>selected</u> as the new governor. (○ / ×)

그녀는 새로운 관리지로 선출되었다.

(2) The <u>appoint</u> was canceled. (○ / ×)

약속이 취소되었다.

Words
governor 관리자, 이사
cancel 취소하다

확인 문제 1-2

영영 풀이에 해당하는 단어를 주어진 철자로 시작하여 쓰시오.

(1) e_____ : to keep someone interested
(2) c_____ : to say that someone or something is bad
(3) s_____ : to choose someone or something

Words
interested 관심 있는, 흥미 있는

© SLP_London / Shutterstock

023 improve [imprú:v]

⑧ 향상하다, 개선되다
improve one's skill 자신의 기술을 향상시키다

파생어 / 반의어 / 유의어 / 혼동어

improvement [imprú:vmənt]

⑲ 향상, 개선, 발전
show **improvement** 향상을 보여주다

024 perform [pərfɔ́:rm]

⑧ 공연하다, 수행하다
perform a task 일을 수행하다

파생어 / 반의어 / 유의어 / 혼동어

performance [pərfɔ́:rməns]

⑲ 공연, 수행, 성과
give a **performance** 공연을 하다

025 continue [kəntínju:]

⑧ 계속되다, 계속하다
The hot weather **continue**d for two weeks.
더운 날씨가 2주일 동안 계속되었다.

파생어 / 반의어 / 유의어 / 혼동어

continuous [kəntínjuəs]

⑱ 연속적인, 지속적인, 계속되는
a **continuous** pattern 연속적인 무늬

026 affect [əfékt]

⑧ ~에게 영향을 주다
Tourism negatively **affect**s the environment.
관광 산업은 환경에 부정적으로 영향을 미친다.

파생어 / 반의어 / 유의어 / **혼동어**

effect [ifékt]

⑲ 영향, 결과, 효과
cause and **effect** 원인과 결과

027 deny [dinái]

⑧ 부인하다, 부정하다, 거부하다
She **deni**ed the rumor of her marriage.
그녀는 자신의 결혼에 관한 소문을 부인했다.

파생어 / **반의어** / 유의어 / 혼동어

admit [ædmít]

⑧ 인정하다
admit one's mistake
자신의 잘못을 인정하다

028 exhibit [igzíbit]

⑧ 전시하다
Her paintings will be **exhibit**ed all over the world.
그녀의 그림들은 전 세계적으로 전시될 것이다.

파생어 / 반의어 / **유의어** / 혼동어

display [displéi]

⑧ 전시하다, 보여주다
The museum will **display** 20 of her works.
그 미술관은 그녀의 작품 중 20점을 전시할 것이다.

필수 예제 2

우리말을 참고하여 빈칸에 알맞은 단어를 쓰시오.

(1) deny − _____

부인하다, 부정하다, 거부하다 – 인정하다

(2) exhibit − _____

전시하다, 보여주다

(3) _____ − continuous

계속되다, 계속하다 – 연속적인, 지속적인, 계속되는

(4) improve : improvement = _____ : performance

향상하다, 개선되다 : 향상, 개선, 발전 = 공연하다, 수행하다 : 공연, 수행, 성과

(5) affect − _____

~에게 영향을 주다 – 영향, 결과, 효과

확인 문제 2-1

우리말을 참고하여 밑줄 친 표현이 맞으면 ○, 틀리면 ×에 표시하시오.

(1) He denied the fact. (○ / ×)

그는 그 사실을 부인했다.

(2) The new system is a big improve. (○ / ×)

그 새로운 시스템은 큰 발전이다.

Words
system 시스템, 체계

확인 문제 2-2

영영 풀이에 해당하는 단어를 주어진 철자로 시작하여 쓰시오.

(1) p_____ : acting, singing, or dancing for other people to enjoy
(2) e_____ : a change or result that is caused by something
(3) a_____ : to agree that you did something bad

Words
enjoy 즐기다
change 변화
result 결과
be caused by ~에 의해 일어나다
agree 동의하다

1 다음 중 나머지와 품사가 <u>다른</u> 하나는?

① appoint   ② entertain   ③ admit
④ perform   ⑤ continuous

Tip

continuous는 동사 ❶ 의 ❷ 형이다.

답 ❶ continue ❷ 형용사

2 그림을 보고 네모 안에서 알맞은 표현을 고르시오.

I elected / selected strawberry ice cream.

Tip

그림 속 여자는 ❶ 아이스크림을 ❷ 하고 있다.

답 ❶ 딸기 ❷ 선택

Words
strawberry 딸기

3 문장의 밑줄 친 부분과 의미가 가장 유사한 것은?

He <u>blamed</u> the audience for making noise.

① governed   ② displayed
③ denied   ④ criticized
⑤ announced

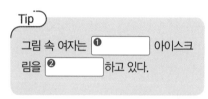

Tip

그가 떠드는 ❶ 을 ❷ 는 내용이다.

답 ❶ 관객 ❷ 비난했다

Words
audience 청중, 관중
make noise 떠들다, 소란을 피우다

4 우리말을 영어로 바르게 옮긴 학생은?

> 날씨가 우리의 기분에 영향을 끼칠 수 있다.

① The weather can have an affect on our mood.

② The weather can have an effect on our mood.

③ The weather can have an elect on our mood.

④ The weather can have a select on our mood.

⑤ The weather can have an appointment on our mood.

Tip

'❶☐☐☐☐'이라는 뜻의 명사는 effect이며, affect는 '❷☐☐☐☐'라는 의미의 동사이다.

🖭 ❶ 영향 ❷ ~에게 영향을 주다

Words
weather 날씨
mood 기분, 분위기

---

5 그림을 보고 〈보기〉에서 알맞은 단어를 골라 밑줄 친 부분을 바르게 고쳐 쓰시오.

┌ 보기 ┐
improve   continue   admit   perform

I <u>denied</u> that it was my fault.

➡ _____

Tip

그림 속 여학생이 깨진 꽃병을 보면서 자신의 ❶☐☐☐을 ❷☐☐ 하고 있다.

🖭 ❶ 잘못 ❷ 인정

Words
fault 잘못, 과실

029 **locate** [lóukeit]

동 (건물 등이) 위치하다, 위치를 찾아내다
locate the missing bag 분실한 가방을 찾다

파생어 반의어 유의어 혼동어

location [loukéiʃən]

명 장소, 위치
The house is in a good **location**.
그 집은 좋은 위치에 있다.

030 **construct** [kənstrʌ́kt]

동 조립하다, (건물, 다리, 배 등을) 건설하다
construct a new bridge 새로운 다리를 건설하다

파생어 반의어 유의어 혼동어

construction [kənstrʌ́kʃən]

명 건설, 조립, 구조
construction workers 건설 노동자

031 **examine** [igzǽmin]

동 검사하다, 조사하다
The detective will **examine** the fingerprints.
그 탐정은 지문을 검사할 것이다.

파생어 반의어 유의어 혼동어

examination [igzæmənéiʃən]

명 조사, 검사, 검토
a physical **examination** 신체검사

032 **digest** [daidʒést]

동 소화하다
Some people can't **digest** cow's milk.
어떤 사람들은 우유를 소화하지 못한다.

파생어 반의어 유의어 혼동어

digestion [daidʒéstʃən]

명 소화, 소화력
have a good **digestion** 소화력이 좋다

033 **fasten** [fǽ:sən]

동 매다, 잠그다, 고정시키다
fasten a seat belt 안전띠를 착용하다

파생어 반의어 유의어 혼동어

loosen [lú:sn]

동 풀다, 느슨하게 하다
loosen a rope 밧줄을 풀다

034 **obtain** [əbtéin]

동 얻다, 획득하다
obtain a job 일자리를 얻다

파생어 반의어 유의어 혼동어

gain [gein]

동 얻다, 획득하다
gain a reputation 명성을 얻다

필수 예제 3

우리말을 참고하여 빈칸에 알맞은 단어를 쓰시오.

(1) _____ − construction

조립하다, (건물, 다리, 배 등을) 건설하다 − 건설, 조립, 구조

(2) fasten − _____

매다, 잠그다, 고정시키다 − 풀다, 느슨하게 하다

(3) _____ − location

(건물 등이) 위치하다, 위치를 찾아내다 − 장소, 위치

(4) examine : examination = digest : _____

검사하다, 조사하다 : 조사, 검사, 검토 = 소화하다 : 소화, 소화력

(5) obtain − _____

얻다, 획득하다

Guide

(1), (3), (4)는 동사와 ❶ _____ 관계에 있는 단어이고, (2)는 반의어 관계, (5)는 ❷ _____ 관계에 있는 단어이다.

🗒 ❶ 명사 ❷ 유의어

확인 문제 3-1

우리말을 참고하여 밑줄 친 표현이 맞으면 ○, 틀리면 ×에 표시하시오.

(1) He loosened his tie. (○ / ×)

그는 자신의 넥타이를 느슨하게 했다.

(2) You need to take an entrance examine. (○ / ×)

여러분은 입학시험을 치러야 합니다.

Words

tie 넥타이
entrance 입학

확인 문제 3-2

영영 풀이에 해당하는 단어를 주어진 철자로 시작하여 쓰시오.

(1) c_____	: to build something such as a house, bridge, road, etc.
(2) l_____	: to find the exact position of somebody or something
(3) f_____	: to close or join together the two parts of something

Words

build(built − built) 짓다
exact 정확한
position 위치
join 결합하다, 합치다

© Wavebreakmedia / Shutterstock

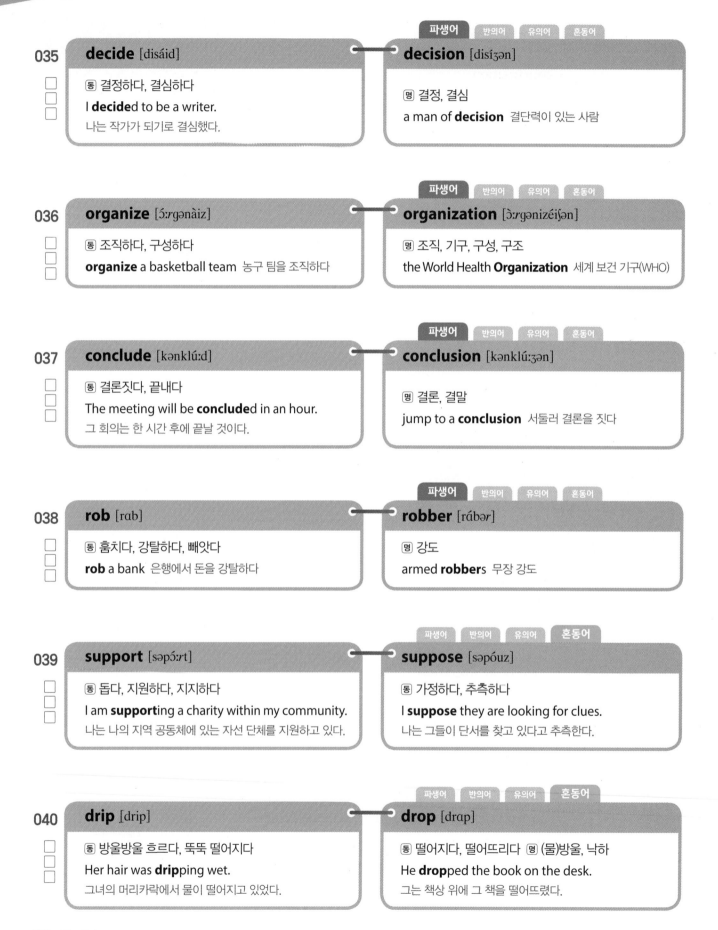

035 **decide** [disáid]

파생어 | 반의어 | 유의어 | 혼동어

decision [disíʒən]

⑧ 결정하다, 결심하다
I **decide**d to be a writer.
나는 작가가 되기로 결심했다.

⑲ 결정, 결심
a man of **decision** 결단력이 있는 사람

036 **organize** [ɔ́:rgənàiz]

파생어 | 반의어 | 유의어 | 혼동어

organization [ɔ̀:rgənizéiʃən]

⑧ 조직하다, 구성하다
organize a basketball team 농구 팀을 조직하다

⑲ 조직, 기구, 구성, 구조
the World Health **Organization** 세계 보건 기구(WHO)

037 **conclude** [kənklú:d]

파생어 | 반의어 | 유의어 | 혼동어

conclusion [kənklú:ʒən]

⑧ 결론짓다, 끝내다
The meeting will be **conclude**d in an hour.
그 회의는 한 시간 후에 끝날 것이다.

⑲ 결론, 결말
jump to a **conclusion** 서둘러 결론을 짓다

038 **rob** [rɑb]

파생어 | 반의어 | 유의어 | 혼동어

robber [rɑ́bər]

⑧ 훔치다, 강탈하다, 빼앗다
rob a bank 은행에서 돈을 강탈하다

⑲ 강도
armed **robber**s 무장 강도

039 **support** [səpɔ́:rt]

파생어 | 반의어 | 유의어 | 혼동어

suppose [səpóuz]

⑧ 돕다, 지원하다, 지지하다
I am **support**ing a charity within my community.
나는 나의 지역 공동체에 있는 자선 단체를 지원하고 있다.

⑧ 가정하다, 추측하다
I **suppose** they are looking for clues.
나는 그들이 단서를 찾고 있다고 추측한다.

040 **drip** [drip]

파생어 | 반의어 | 유의어 | 혼동어

drop [drɑp]

⑧ 방울방울 흐르다, 뚝뚝 떨어지다
Her hair was **drip**ping wet.
그녀의 머리카락에서 물이 떨어지고 있었다.

⑧ 떨어지다, 떨어뜨리다 ⑲ (물)방울, 낙하
He **drop**ped the book on the desk.
그는 책상 위에 그 책을 떨어뜨렸다.

필수 예제 4

우리말을 참고하여 빈칸에 알맞은 단어를 쓰시오.

(1) _____ – conclusion

결론짓다, 끝내다 – 결론, 결말

(2) _____ – suppose

돕다, 지원하다, 지지하다 – 가정하다, 추측하다

(3) organize : _____ = rob : robber

조직하다, 구성하다 : 조직, 기구, 구성, 구조 = 훔치다, 강탈하다, 빼앗다 : 강도

(4) drip – _____

방울방울 흐르다, 뚝뚝 떨어지다 – 떨어지다, 떨어뜨리다; (물)방울, 낙하

(5) decide – _____

결정하다, 결심하다 – 결정, 결심

Guide

(1), (3), (5)는 동사와 ❶ _____ 관계에 있는 단어이다. (2)의 support는 suppose와 혼동하지 않고, (4)의 drip은 ❷ _____ 과 혼동하지 않도록 주의한다.

답 ❶ 명사 ❷ drop

확인 문제 4-1

우리말을 참고하여 밑줄 친 표현이 맞으면 ○, 틀리면 ×에 표시하시오.

(1) We will <u>suppose</u> you all the time. (○ / ×)

우리는 항상 너를 지지할 것이다.

(2) Armed <u>robbers</u> broke into the bank. (○ / ×)

무장한 강도들이 은행에 침입했다.

Words

all the time 항상
break into 침입하다

© Rawpixel.com / Shutterstock

확인 문제 4-2

영영 풀이에 해당하는 단어를 주어진 철자로 시작하여 쓰시오.

(1) c_____ : an opinion after considering all the information about something

(2) d_____ : to choose something after thinking about the different possibilities

(3) o_____ : to plan or arrange something

Words

opinion 의견
consider 고려하다, 생각하다
possibility 가능성
plan 계획하다
arrange 배열하다, 배치하다

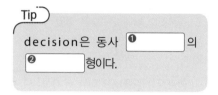
1 다음 중 나머지와 품사가 <u>다른</u> 하나는?

① fasten   ② locate   ③ conclude

④ decision   ⑤ gain

> **Tip**
>
> decision은 동사 **❶** [ ]의 **❷** [ ]형이다.
>
> 📝 ❶ decide ❷ 명사

2 그림을 보고 네모 안에서 알맞은 표현을 고르시오.

Our bodies do not digest / examine food well at night.

> **Tip**
>
> 그림 속 남자는 **❶** [ ]에 음식을 먹고 있고, 남자의 위가 음식을 잘 **❷** [ ]시키지 못하고 있다.
>
> 📝 ❶ 밤 ❷ 소화

> **Words**
>
> well 잘

3 문장의 밑줄 친 부분과 의미가 가장 유사한 것은?

> They will need to <u>obtain</u> permission from their parents.

① support   ② construct

③ gain   ④ decide

⑤ loosen

> **Tip**
>
> **❶** [ ]으로부터 **❷** [ ] 을 받아야 한다는 내용이다.
>
> 📝 ❶ 부모님 ❷ 허락

> **Words**
>
> permission 허락

>> 정답과 해설 **5쪽**

4 우리말을 영어로 바르게 옮긴 학생은?

> 모든 창문이 잠겼는지 확인해라.

①  Make sure all the windows are gained.

② Make sure all the windows are located.

③ Make sure all the windows are fastened.

④ Make sure all the windows are loosened.

⑤ Make sure all the windows are organized.

Tip
'❶⬚⬚⬚⬚'라는 뜻의 단어는 fasten 이며, loosen은 '❷⬚⬚⬚⬚'라는 의미로서 서로 반의어 관계이다.

📋 ❶ 잠그다 ❷ 풀다

Words
make sure ~을 확인하다

---

5 그림을 보고 〈보기〉에서 알맞은 단어를 골라 밑줄 친 부분을 바르게 고쳐 쓰시오.

1 + 1
2 + 2

┌ 보기 ┐
decide   rob   drip   support

I visited South Africa to <u>suppose</u> schools there.

➡ _____

Tip
그림 속 여성은 ❶⬚⬚⬚ 아이들을 가르치며 현지의 학교를 ❷⬚⬚⬚ 하고 있다.

📋 ❶ 아프리카 ❷ 지원

대표 예제 1

짝 지어진 두 단어의 관계가 같도록 빈칸에 알맞은 말을 쓰시오.

(1) criticize : blame = exhibit : _____

(2) govern : _____

　　= announce : announcement

개념 Guide

criticize와 blame은 ❶_____ 관계이고, announce와 announcement는 동사와 ❷_____의 관계이다.

답 ❶ 유의어 ❷ 명사

대표 예제 2

문장의 네모 안에서 문맥에 맞는 말을 고르시오.

> Seho dripped / dropped one of the tickets on his way to class.

개념 Guide

'❶_____'라는 의미의 단어를 생각해 본다.

• on one's way to ❷_____

답 ❶ 떨어뜨리다 ❷ ~으로 가는 길에

대표 예제 3

영영 풀이에 해당하는 단어로 가장 알맞은 것은?

> to choose somebody to do a special job by voting for them

① deny　　　　② admit

③ elect　　　　④ select

⑤ appoint

개념 Guide

'❶_____를 통해 특정 작업을 수행할 누군가를 선택하다'라는 의미의 단어는 ❷_____이다.

• vote 투표하다

답 ❶ 투표 ❷ elect

대표 예제 4

다음 중 짝 지어진 두 단어의 관계가 나머지와 다른 것은?

① locate − location

② digest − digestion

③ conclude − conclusion

④ continue − continuous

⑤ construct − construction

개념 Guide

파생어 중 동사와 ❶_____ 관계, 동사와 ❷_____ 관계인 것을 구분해 본다.

답 ❶ 형용사 ❷ 명사

대표 예제 5

빈칸에 공통으로 알맞은 말을 쓰시오.

(1) Environmental pollution can have a serious _____ on humans.

(2) The _____ of the drug lasts about four hours.

개념 Guide

'❶[____]을 끼치다'라는 표현과 '효과'라는 의미의 단어를 생각해 본다.

• environmental ❷[____]   • last 지속하다

답 ❶ 영향 ❷ 환경의

대표 예제 6

다음 중 밑줄 친 부분의 우리말 풀이로 알맞지 <u>않은</u> 것은?

① I <u>aim</u> to pass the exam. (목표로 하다)

② I saw a group of people <u>approaching</u> her. (알아보다)

③ It is not easy to <u>cultivate</u> plants in gardens. (기르다)

④ I need to make an <u>appointment</u> for this afternoon. (약속)

⑤ The population of elephants in Africa suddenly <u>dropped</u> last year. (떨어지다)

개념 Guide

approach는 '~에 ❶[____]', '다가가다'라는 의미이고, '알아보다'라는 의미의 동사는 ❷[____]이다.

• population 인구

답 ❶ 접근하다 ❷ recognize

대표 예제 7

사진과 영영 풀이를 참고하여 빈칸에 알맞은 것을 고르면?

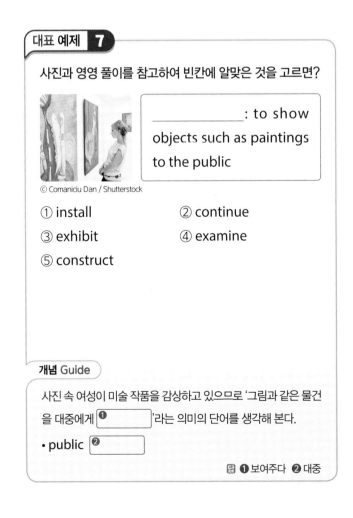

_____ : to show objects such as paintings to the public

ⓒ Comaniciu Dan / Shutterstock

① install   ② continue

③ exhibit   ④ examine

⑤ construct

개념 Guide

사진 속 여성이 미술 작품을 감상하고 있으므로 '그림과 같은 물건을 대중에게 ❶[____]'라는 의미의 단어를 생각해 본다.

• public ❷[____]

답 ❶ 보여주다 ❷ 대중

대표 예제 8

우리말을 참고하여 문장의 빈칸에 알맞은 것을 고르면?

ⓒ Restimage / Shutterstock

The 50 stars on the flag _____ the 50 U.S. states.
국기의 50개의 별은 미국의 50개의 주를 나타낸다.

① blame   ② conclude

③ improve   ④ represent

⑤ participate

개념 Guide

국기의 50개의 ❶[____]이 50개의 주를 ❷[____]는 의미에 맞게 빈칸에 들어갈 단어가 무엇인지 생각해 본다.

• state (미국의) 주(州)

답 ❶ 별 ❷ 나타낸다

대표 예제 9

빈칸에 알맞은 말을 〈보기〉에서 골라 쓰시오.

┌─ 보기 ─────────────────────┐
blame   threaten   claim
└───────────────────────────┘

(1) The girls _____ that they saw angels.

(2) They _____(e)d her for the failure.

개념 Guide

의미상 (1) 소녀들이 천사를 보았다고 ❶[_____]한다는 내용이, (2) 실패에 대해 ❷[_____]했다는 내용이 알맞다.

• failure 실패

답 ❶ 주장 ❷ 비난

대표 예제 10

다음 중 영영 풀이가 알맞지 <u>않은</u> 것은?

① promote: to advertise something

② locate: to find the exact position of somebody or something

③ improve: to make something better or to get better

④ performance: acting, singing or dancing for other people to enjoy

⑤ organize: to remove something that has been written or printed

개념 Guide

'써지거나 출력된 것을 ❶[_____]'라는 뜻의 단어를 생각해 본다.

• advertise ❷[_____]

답 ❶ 없애다 ❷ 광고하다

대표 예제 11

영영 풀이에 알맞은 단어를 주어진 철자로 시작하여 쓰시오.

(1) l_____ : to make something less tight

(2) d_____ : to say that something is not true

개념 Guide

'무언가를 덜 ❶[_____]하다'라는 의미의 단어와 '무언가가 사실이 아니라고 말하다'라는 의미의 단어를 생각해 본다.

• tight ❷[_____]

답 ❶ 단단하게 ❷ 단단한

대표 예제 12

밑줄 친 부분과 바꾸어 쓸 수 있는 것은?

┌───────────────────────────┐
You can <u>gain</u> help for your essays by visiting a library.
└───────────────────────────┘

① select   ② fasten

③ obtain   ④ loosen

⑤ perform

개념 Guide

'당신은 도서관에 방문함으로써 과제물에 대한 도움을 ❶[_____] 수 있다'라는 의미에 맞게 ❷[_____]과 바꾸어 쓸 수 있는 단어가 무엇인지 생각해 본다.

답 ❶ 얻을 ❷ gain

대표 예제 13

우리말과 같은 뜻이 되도록 할 때, <u>어색한</u> 단어를 찾아 고쳐 쓰시오.

> 나는 그녀가 나에게 화가 났을 거라고 추측한다.
> ➡ I support she felt angry with me.
>
> _____ ➡ _____

개념 Guide

'❶ ☐☐☐☐'라는 의미의 단어는 ❷ ☐☐☐☐이다.

답 ❶ 추측하다 ❷ suppose

대표 예제 14

그림을 보고 빈칸에 들어갈 말로 알맞은 것을 고르면?

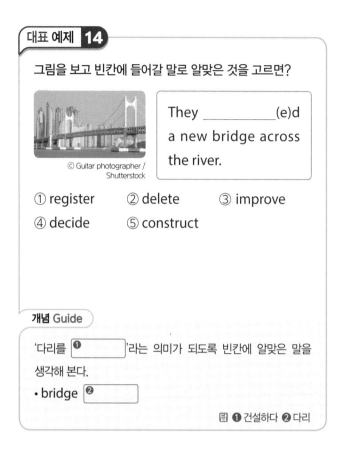

© Guitar photographer / Shutterstock

> They _____(e)d a new bridge across the river.

① register ② delete ③ improve
④ decide ⑤ construct

개념 Guide

'다리를 ❶ ☐☐☐☐'라는 의미가 되도록 빈칸에 알맞은 말을 생각해 본다.

• bridge ❷ ☐☐☐

답 ❶ 건설하다 ❷ 다리

대표 예제 15

대화의 빈칸에 들어갈 말로 알맞은 것을 고르면?

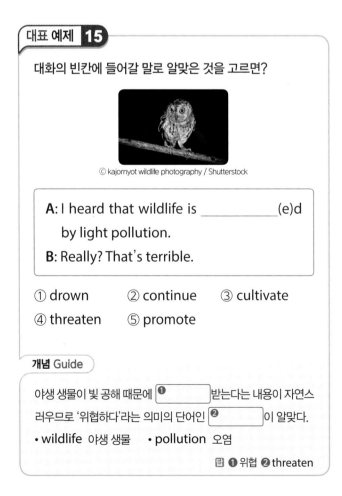

© kajornyot wildlife photography / Shutterstock

> **A:** I heard that wildlife is _____(e)d by light pollution.
> **B:** Really? That's terrible.

① drown ② continue ③ cultivate
④ threaten ⑤ promote

개념 Guide

야생 생물이 빛 공해 때문에 ❶ ☐☐☐☐받는다는 내용이 자연스러우므로 '위협하다'라는 의미의 단어인 ❷ ☐☐☐☐이 알맞다.

• wildlife 야생 생물 • pollution 오염

답 ❶ 위협 ❷ threaten

대표 예제 16

영영 풀이를 참고하여 빈칸에 알맞은 것을 고르면?

> Amelia _____(e)d studying until receiving her degree.
> (= to keep doing something)

① gain ② affect
③ continue ④ support
⑤ appoint

개념 Guide

'무언가를 ❶ ☐☐☐☐'라는 의미의 단어는 ❷ ☐☐☐☐이다.

• degree 학위

답 ❶ 계속하다 ❷ continue

1주 4일 교과서 대표 전략 ②

[1~2] 영영 풀이에 해당하는 단어로 알맞은 것을 고르시오.

1

to know someone or something because you have seen them before

① drip　　　　② obtain
③ display　　　④ recognize
⑤ entertain

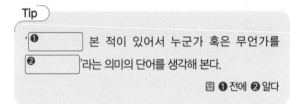

Tip

'❶ [　　　] 본 적이 있어서 누군가 혹은 무언가를
❷ [　　　]'라는 의미의 단어를 생각해 본다.

답 ❶ 전에 ❷ 알다

Words before 전에

2

to come close in distance or time

① govern　　　② invade
③ examine　　　④ announce
⑤ approach

Tip

'❶ [　　　]나 시간이 ❷ [　　　]'라는 의미의 단어를
생각해 본다.

답 ❶ 거리 ❷ 가까워지다

Words distance 거리

3 밑줄 친 단어의 영영 풀이로 알맞은 것은?

© JihadoSensei / Shutterstock

They are electing their class president.

① to keep someone interested
② to enter a country by force in order to take control of it
③ to put information about someone or something on the list
④ to choose somebody to do a special job by voting for them
⑤ to take hold of someone or something suddenly

Tip

❶ [　　　]는 '❷ [　　　]'라는 의미이므로 이에 해당하
는 영영 풀이를 생각해 본다.

답 ❶ elect ❷ 선출하다

Words class president 학급 회장
by force 무력으로
take control of ~을 통제하다

4 우리말을 참고하여 빈칸에 알맞은 말을 쓰시오.

(1) Many people _____ this brand with good quality.

많은 사람이 이 상표를 보며 좋은 품질을 떠올린다.

(2) Beth nearly _____(e)d before her father rescued her.

Beth는 그녀의 아버지가 구해주기 전에 거의 익사할 뻔했다.

(3) You should _____ your seat belt before you start driving.

차를 몰고 떠나기 전에 안전띠를 매야 한다.

Tip

각각 '❶ [_____]', '익사하다', '❷ [_____]'의 의미를 가진 단어를 생각해 본다.

🅑 ❶ 연상하다 ❷ 매다

Words brand 상표　quality 질, 품질
nearly 거의, 하마터면　rescue 구하다
seat belt 안전띠

5 다음 중 밑줄 친 단어의 쓰임이 가장 <u>어색한</u> 것은?

① The boy didn't <u>recognize</u> his uncle.

② She refused to <u>participate</u> in the race.

③ He <u>deleted</u> his name from the list on purpose.

④ We'll make an <u>announce</u> about a missing child.

⑤ How many students have <u>registered</u> for French classes?

Tip

announce는 '발표하다', '알리다'라는 의미의 동사이므로 ❶ [_____] 형태인 ❷ [_____]로 고쳐 써야 한다.

🅑 ❶ 명사 ❷ announcement

Words refuse 거부하다　on purpose 일부러
missing 실종된　French 프랑스어

6 글의 빈칸에 가장 알맞은 것은?

　Germs are everywhere, but it is impossible to see them with your eyes.

　There are two major kinds of germs: bacteria and viruses. Bacteria are very small creatures. Some are good. They can help you _____ the food that you eat. Others are bad and can make you sick.

　Viruses are germs that can only live inside the cells of other living bodies. They cause diseases such as the flu.

ⓒ Getty Images Korea

① drop　　　　② digest

③ invade　　　④ appoint

⑤ entertain

Tip

❶ [_____]는 우리가 먹는 음식을 ❷ [_____]시키는 것을 도와줄 수 있다.

🅑 ❶ 박테리아 ❷ 소화

Words germ 세균　major 주요한
bacteria 박테리아　virus 바이러스
creature 생명체　cell 세포
disease 질병　flu 독감, 감기

1 다음 중 나머지와 품사가 <u>다른</u> 하나는?

① drown　　② install

③ decision　④ appoint

⑤ threaten

2 우리말을 참고하여 문장의 빈칸에 알맞은 것을 고르면?

> He _____(e)d his speech with a message of hope.
> 그는 희망의 메시지로 그의 연설을 끝냈다.

① aim　　　② admit

③ locate　　④ organize

⑤ conclude

3 우리말을 참고하여 〈보기〉에서 알맞은 단어를 골라 쓰시오. (단, 필요시 형태를 바꿀 것)

┌ 보기 ┐
> govern　　deny　　admit

(1) _____ mistakes can be very difficult.

　실수를 인정하는 것은 매우 어려울 수 있다.

(2) The king _____ the country for twenty years.

　그 왕은 그 국가를 20년 동안 통치했다.

4 영영 풀이에 해당하는 단어를 주어진 철자로 시작하여 쓰시오.

> to arrange something somewhere so that people can see it

➡ d _____

〈백남준_다다익선〉

5 다음 중 영어 단어와 우리말 뜻이 **잘못** 연결된 것은?

① claim – 주장하다, 요구하다

② entertain – 오락, 즐거움, 연예

③ participate – 참가하다, 참여하다

④ invade – 침입하다, 침략하다, 침해하다

⑤ promote – 홍보하다, 촉진하다, 승진시키다

7 글의 빈칸에 가장 알맞은 것은?

Ms. Cooper held the warm egg and whispered to Wilfrid, "Long ago, I found a small blue egg in my aunt's garden." She smiled at the sock puppet and remembered _____ a puppet show for her sister. "My sister laughed a lot," said Ms. Cooper. She bounced the football to Wilfrid and remembered him. "Wilfrid? Wilfrid Gordon Parker! My friend!" She also remembered their secrets one by one.

© FotosDo / Shutterstock

① affecting

② criticizing

③ displaying

④ performing

⑤ announcing

6 글의 네모 안에서 알맞은 단어를 골라 쓰시오.

Minsol decided / examined to have some downtime every weekend. She is planning to do some exercise like inline skating or bike riding. She is also going to see a movie with her friends. She will visit the art center to enjoy a free concert on the third Saturday of the month. On some weekends, she will stay home and get some rest.

➡ _____

Words

6 downtime 휴식 시간   plan 계획하다   inline skating 인라인스케이트 타기   get some rest 휴식을 취하다

7 whisper 속삭이다   puppet 인형   bounce (공이) 튀다, 튀기다   one by one 하나씩(= one after another)

A 영어 단어 카드의 지워진 부분을 채운 다음, 우리말 뜻과 바르게 연결하시오.

1. gain ⓐ 조직하다, 구성하다

2. approach ⓑ 얻다, 획득하다

3. select ⓒ ～에 접근하다, 다가가다

4. organize ⓓ 선택하다, 선정하다

5. display ⓔ 전시하다, 보여주다

B 각 사람이 하는 말과 일치하도록 위에서 완성한 카드 중 알맞은 것을 골라 문장을 완성하시오.

1.
   나는 J.K. Rowling의 소설을 고를 거야.

   ➡ I will _____ the novel by J.K. Rowling.

2.
   나는 쉽게 살이 찌기 때문에, 열심히 운동할 필요가 있어.

   ➡ I _____ weight easily, so I need to exercise hard.

3.
   나는 내 시간을 더 잘 관리하기 위해 노력할 거야.

   ➡ I'll try to _____ my time better.

C 우리말 카드에 해당하는 단어를 쓰고, 퍼즐에서 찾아 표시하시오. (→ 방향과 ↓ 방향으로 찾을 것)

비난하다
criticize

검사하다
_____

결론, 결말
_____

매다, 잠그다
_____

소화력
_____

즐겁게 하다
_____

알아보다
_____

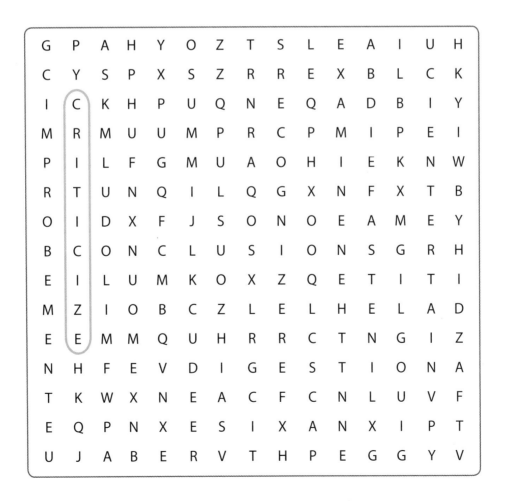

G	P	A	H	Y	O	Z	T	S	L	E	A	I	U	H
C	Y	S	P	X	S	Z	R	R	E	X	B	L	C	K
I	C	K	H	P	U	Q	N	E	Q	A	D	B	I	Y
M	R	M	U	U	M	P	R	C	P	M	I	P	E	I
P	I	L	F	G	M	U	A	O	H	I	E	K	N	W
R	T	U	N	Q	I	L	Q	G	X	N	F	X	T	B
O	I	D	X	F	J	S	O	N	O	E	A	M	E	Y
B	C	O	N	C	L	U	S	I	O	N	S	G	R	H
E	I	L	U	M	K	O	X	Z	Q	E	T	I	T	I
M	Z	I	O	B	C	Z	L	E	L	H	E	L	A	D
E	E	M	M	Q	U	H	R	R	C	T	N	G	I	Z
N	H	F	E	V	D	I	G	E	S	T	I	O	N	A
T	K	W	X	N	E	A	C	F	C	N	L	U	V	F
E	Q	P	N	X	E	S	I	X	A	N	X	I	P	T
U	J	A	B	E	R	V	T	H	P	E	G	G	Y	V

D 우리말을 참고하여 철자의 순서를 바르게 배열하시오.

1. _____ : 위치를 찾아내다

a c t
l o e

2. _____ : ~을 움켜쥐다

a b g r

3. _____ : 연속적인

u o n c o
s n u t i

4. _____ : 가정하다

s o u e
p s p

5. _____ : 돕다, 지원하다

r p o u
p s t

6. _____ : 건설하다

t r t n c
u s c o

E 각 사람이 하는 말과 일치하도록 위에서 완성한 단어 중 알맞은 것을 골라 문장을 완성하시오.

1.

나는 우리 수영장에서 새는 곳을 찾을 수가 없어.

➡ I can't _____ the leak in our pool.

2.

나는 그것이 그 아이에게 어려울 것으로 생각해.

➡ I _____ it is hard for the child.

3.

그 교회를 짓는 데 100년이 걸렸어.

➡ It took 100 years to _____ the church.

F 퍼즐을 완성하시오.

1주·창의·융합·코딩 전략 ❷

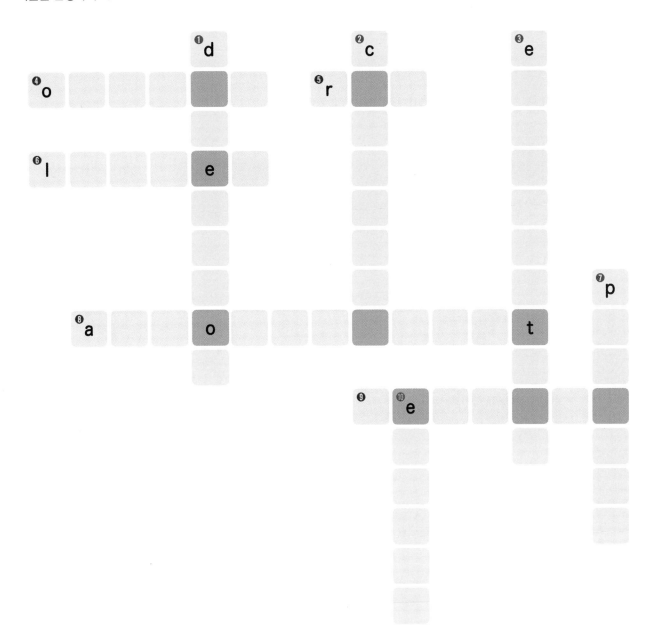

Across ▶

❹ exhibit : display = gain : _____

❺ _____ a bank
   은행을 털다

❻ deny : admit = fasten : _____

❽ _____ : 발표, 공고

❾ _____ a play
   연극 공연을 하다

Down ▼

❶ _____ : 소화, 소화력

❷ to keep doing something
   ➡ _____

❸ _____ : 조사, 검사, 검토

❼ to advertise something
   ➡ _____

❿ a change or result that is caused by
   something ➡ _____

명사

2주

💧 **그림을 보고, 단어의 의미를 추측해 보세요.**

뭐 하고 있니?

I'm watching a ❶documentary about space.

❶ documentary 다큐멘터리

Have you read the ❷article about the new movie?

응. 나는 그 영화가 정말 기대돼.

❷ article (신문, 잡지의) 글, 기사

❸ impression 인상, 감명, 감동

❹ strength 힘, 강점, 장점

001 ☐☐☐

ability [əbíləti]　　　명 능력, 재능

Quiz

She has the **ability** to be a leader.

그녀는 지도자가 될 ☐☐☐ 이 있다.

답 능력

002 ☐☐☐

limit [límit]　　　명 제한, 한계

Quiz

speed **limit**

속도 ☐☐☐

답 제한

003 ☐☐☐

generation [dʒènəréiʃən]　　　명 세대, 발생

Quiz

We have to preserve the planet for future **generation**s.

우리는 미래 ☐☐☐ 를 위해 지구를 보호해야 한다.

답 세대

004 ☐☐☐

article [áːrtikl]　　　명 (신문, 잡지의) 글, ❶ ☐☐☐

Quiz

newspaper **article**s

신문 ❷ ☐☐☐ 들

답 ❶ 기사 ❷ 기사

005 ☐☐☐

conversation [kànvərséiʃən]　　　명 대화

Quiz

I had some interesting **conversation**s with the children.

나는 그 아이들과 재미있는 ☐☐☐ 를 나누었다.

답 대화

006 ☐☐☐

audience [ɔ́ːdiəns]　　　명 청중, ❶ ☐☐☐

Quiz

There was a large **audience**.

많은 ❷ ☐☐☐ 이 있었다.

답 ❶ 관중 ❷ 청중

007 ☐☐☐

attitude [ǽtitjùːd]　　　명 태도

Quiz

She has a positive **attitude** toward life.

그녀는 삶에 대해 긍정적인 ☐☐☐ 를 갖고 있다.

답 태도

008 ☐☐☐

request [rikwést]　　　명 부탁, ❶ ☐☐☐　동 요청하다

Quiz

I'd like to make a **request**.

❷ ☐☐☐ 을 드리고 싶습니다.

답 ❶ 요청 ❷ 요청

1-1 빈칸에 알맞은 단어를 〈보기〉에서 골라 쓰시오.

┌ 보기 ┐
ability　article　generation　limit

© Getty Images Korea

There is a time _____ in this game.

해석 | 이 게임에는 시간 [　　　]이 있다.

📖 제한

2-1 빈칸에 알맞은 단어를 〈보기〉에서 골라 쓰시오.

┌ 보기 ┐
audience　request
attitude　conversation

© Iakov Filimonov / Shutterstock

I have trouble starting _____s.

해석 | 나는 [　　　]를 시작하는 데 어려움이 있다.

📖 대화

1-2 우리말을 참고하여 네모 안에서 알맞은 말을 고르시오.

(1) The secret recipe has been handed down for | generations / articles |.

그 비밀 요리법은 여러 세대에 걸쳐 전수됐다.

*recipe 조리법, 요리법

(2) He has a(n) | ability / limit | to motivate others.

그는 다른 사람에게 동기를 부여하는 능력이 있다.

*motivate 동기를 부여하다

(3) I want to write a(n) | limit / article | on social issues.

나는 사회적 문제에 관해 기사를 쓰고 싶다.

*issue 문제, 쟁점

2-2 우리말을 참고하여 네모 안에서 알맞은 말을 고르시오.

(1) Teddy said he didn't like my | audience / attitude |.

Teddy는 나의 태도가 마음에 들지 않는다고 말했다.

(2) The | audiences / requests | only clap after the music finishes.

관객들은 음악이 끝난 후에만 박수를 친다.

*clap 박수를 치다

(3) Her | request / conversation | was ignored by the government.

그녀의 요청은 정부에 의해 무시되었다.

*ignore 무시하다

009 □□□

period [píːəriəd] 명 기간, 시기, 시대

Quiz
the busiest **period** of my life
내 인생에서 가장 바쁜 [　　　]

답 시기

010 □□□

outline [áutlàin] 명 윤곽, ❶ [　　　]

Quiz
The **outline** of a footprint was visible in the snow.
발자국의 ❷ [　　　]이 눈 속에서 보였다.

답 ❶ 개요 ❷ 윤곽

011 □□□

concept [kánsept] 명 개념

Quiz
the **concept** of space and place
공간과 장소에 대한 [　　　]

답 개념

012 □□□

anniversary [æ̀nəvə́ːrsəri] 명 기념일

Quiz
a wedding **anniversary**
결혼 [　　　]

답 기념일

013 □□□

myth [miθ] 명 신화

Quiz
Egyptian **myths**
이집트 [　　　]

답 신화

014 □□□

task [tæsk] 명 일, ❶ [　　　], 과업

Quiz
He was given the **task** of building a new house.
그는 새집을 짓는 ❷ [　　　]을 맡았다.

답 ❶ 과제 ❷ 일

015 □□□

theme [θiːm] 명 주제, 테마, ❶ [　　　]

Quiz
the **theme** of the movie
그 영화의 ❷ [　　　]

답 ❶ 요지 ❷ 주제

016 □□□

suspect [sʌ́spekt] 명 용의자

Quiz
Three **suspect**s were arrested that day.
그날, 세 명의 [　　　]가 체포되었다.

답 용의자

3-1 빈칸에 알맞은 단어를 〈보기〉에서 골라 쓰시오.

보기

| concept | outline | period | anniversary |

Today is our school's 15th _____.

해석 | 오늘은 우리 학교의 15주년 [　　　]이다.

🔖 기념일

3-2 우리말을 참고하여 네모 안에서 알맞은 말을 고르시오.

(1) He was the greatest writer of the outline / period .

그는 당대의 가장 위대한 작가였다.

(2) Some people think that marriage is an old-fashioned anniversary / concept .

어떤 사람들은 결혼이 구식 개념이라고 생각한다.

*old-fashioned 시대에 뒤떨어진, 구식의

(3) I could see the outline / concept of the castle.

나는 성의 윤곽을 볼 수 있었다.

*castle 성(城)

4-1 빈칸에 알맞은 단어를 〈보기〉에서 골라 쓰시오.

보기

| myth | suspect | theme | task |

The police investigated the _____ involved in the case.

해석 | 경찰은 그 사건에 연루된 [　　　]를 조사했다.

🔖 용의자

4-2 우리말을 참고하여 네모 안에서 알맞은 말을 고르시오.

(1) All heroes of myths / tasks had some weak points.

신화의 영웅들은 모두 약점을 갖고 있었다.

(2) They have some suspects / tasks to complete.

그들은 끝내야 할 일들이 있다.

*complete 완료하다, 끝내다

(3) The myth / theme of the meeting was "Let's Break Limits."

회의의 주제는 '한계를 깨자.'였다.

A 영어를 우리말로 쓰기

1. audience _____

2. anniversary _____

3. theme _____

4. task _____

5. article _____

6. myth _____

7. generation _____

8. limit _____

9. attitude _____

10. concept _____

11. conversation _____

12. ability _____

13. outline _____

14. request _____

15. suspect _____

16. period _____

B 우리말을 영어로 쓰기

1. 기간, 시기, 시대 _____

2. 제한, 한계 _____

3. 일, 과제, 과업 _____

4. 세대, 발생 _____

5. 주제, 테마, 요지 _____

6. 부탁, 요청; 요청하다 _____

7. 기념일 _____

8. 청중, 관중 _____

9. 대화 _____

10. 신화 _____

11. (신문, 잡지의) 글, 기사 _____

12. 능력, 재능 _____

13. 용의자 _____

14. 윤곽, 개요 _____

15. 태도 _____

16. 개념 _____

C 빈칸에 알맞은 단어 고르기

1.

The young boy caught the eye of the _____ with his clothing.

① generation ② audience ③ suspect

catch the eye of ❶ ☐
confidence ❷ ☐

답 ❶ ~의 눈을 사로잡다 ❷ 자신감

2.

The _____s of people were cut into the rock.

① outline ② limit ③ period

3.

He has confidence in his _____ as a teacher.

① request ② conversation ③ ability

D 영영 풀이에 해당하는 단어 고르기

1.

an ancient story about gods and brave people

① article ② concept ③ myth

ancient ❶ ☐
commit ❷ ☐
crime 범죄

답 ❶ 고대의 ❷ 저지르다, 범하다

2.

all the people who are about the same age

① generation ② task ③ theme

3.

someone who is thought to be guilty

① suspect ② anniversary ③ attitude

017

| 파생어 | 반의어 | 유의어 | 혼동어 |

value [vǽljuː]

명 가치 통 가치 있게 생각하다, 평가하다
the **value** of the house 그 집의 가치

valuable [vǽljuəbl]

형 가치 있는, 귀중한, 소중한
This painting is so **valuable**.
이 그림은 정말 가치 있다.

018

| 파생어 | 반의어 | 유의어 | 혼동어 |

concern [kənsə́ːrn]

명 우려, 근심
the **concern** about fake news
가짜 뉴스에 대한 우려

concerned [kənsə́ːrnd]

형 우려하는, 신경 쓰는
He gave me a **concerned** look.
그는 나에게 걱정하는 표정을 지어 보였다.

019

| 파생어 | 반의어 | 유의어 | 혼동어 |

expense [ikspéns]

명 비용, 경비
operating **expense** 운영비

expensive [ikspénsiv]

형 비싼, 고가의
The car was too **expensive**.
그 차는 너무 비쌌다.

020

| 파생어 | 반의어 | 유의어 | 혼동어 |

impression [impréʃən]

명 인상, 감명, 감동
His first **impression** was interesting.
그의 첫인상은 흥미로웠다.

impressive [imprésiv]

형 인상적인
The Palace of Versailles was **impressive**.
베르사유 궁전은 인상적이었다.

021

| 파생어 | 반의어 | 유의어 | 혼동어 |

incident [ínsədənt]

명 사건, 사고
The **incident** happened at around 10 a.m.
그 사건은 오전 10시경에 발생했다.

accident [ǽksidənt]

명 사건, 사고
a traffic **accident** 교통사고

022

| 파생어 | 반의어 | 유의어 | 혼동어 |

poverty [pávərti]

명 가난, 빈곤
Many elderly people are living in **poverty**.
많은 노인이 가난 속에 살고 있다.

wealth [welθ]

명 부, 부유함
the distribution of **wealth** 부의 분배

필수 예제 1

우리말을 참고하여 빈칸에 알맞은 단어를 쓰시오.

(1) _____ – concerned

우려, 근심 – 우려하는, 신경 쓰는

(2) poverty – _____

가난, 빈곤 – 부, 부유함

(3) _____ – accident

사건, 사고

(4) impression – _____

인상, 감명, 감동 – 인상적인

(5) expense : _____ = value : valuable

비용, 경비 : 비싼, 고가의 = 가치 : 가치 있는, 귀중한, 소중한

Guide

(1), (4), (5)는 명사와 ❶ [ ] 관계에 있는 단어이고, (2)는 반의어, (3)은 ❷ [ ] 관계에 있는 단어이다.

🔑 ❶ 형용사 ❷ 유의어

확인 문제 1-1

우리말을 참고하여 밑줄 친 표현이 맞으면 ○, 틀리면 ×에 표시하시오.

(1) No child should grow up in wealth. (○ / ×)

어떤 아이도 가난 속에서 자라서는 안 된다.

(2) The building was built at public expense. (○ / ×)

그 건물은 공금으로 지어졌다.

Words
grow up 자라다
public 공공의

확인 문제 1-2

영영 풀이에 해당하는 단어를 주어진 철자로 시작하여 쓰시오.

(1) v_____ : how much something is worth

(2) c_____ : a feeling of worry about something

(3) i_____ : something that happens, especially something unusual

Words
worth 가치 있는
unusual 특이한, 드문

© sebra / Shutterstock

023 document [dákjumənt]

파생어 · 반의어 · 유의어 · 혼동어

documentary [dàkjuméntəri]

- 명 문서
- legal **document**s
- 법률 문서

- 명 다큐멘터리
- The **documentary** was about chimpanzees.
- 그 다큐멘터리는 침팬지에 관한 것이었다.

024 spice [spais]

파생어 · 반의어 · 유의어 · 혼동어

spicy [spáisi]

- 명 향신료, 양념
- a secret **spice** 비밀 양념

- 형 매운, 매콤한
- a **spicy** flavor 매운맛

025 distance [dístəns]

파생어 · 반의어 · 유의어 · 혼동어

distant [dístənt]

- 명 거리, 먼 곳
- What is the **distance** from Earth to the moon?
- 지구에서 달까지 거리가 얼마나 됩니까?

- 형 먼, 멀리 떨어진
- It was like a **distant** memory.
- 그것은 마치 먼 기억과 같았다.

026 quality [kwáləti]

파생어 · 반의어 · 유의어 · 혼동어

quantity [kwántəti]

- 명 질, 품질, (사람의) 자질
- goods of a high **quality** 양질의 제품들

- 명 양, 수량
- huge **quantities** of data 막대한 양의 자료

027 weakness [wíːknis]

파생어 · 반의어 · 유의어 · 혼동어

strength [streŋkθ]

- 명 약점
- One of my **weakness**es is my writing ability.
- 나의 약점 중의 하나는 나의 쓰기 능력이다.

- 명 힘, 강점, 장점
- We are born with our own certain **strength**s.
- 우리는 우리 자신만의 특별한 장점을 가지고 태어난다.

028 depth [depθ]

파생어 · 반의어 · 유의어 · 혼동어

length [leŋkθ]

- 명 깊이
- What's the **depth** of the river?
- 그 강의 깊이는 얼마나 됩니까?

- 명 길이, 기간, 거리
- the **length** of a sentence 문장의 길이

필수 예제 2

우리말을 참고하여 빈칸에 알맞은 단어를 쓰시오.

(1) _____ – quantity

질, 품질, (사람의) 자질 – 양, 수량

(2) weakness – _____

약점 – 힘, 강점, 장점

(3) _____ – length

깊이 – 길이, 기간, 거리

(4) spice : spicy = distance : _____

향신료, 양념 : 매운, 매콤한 = 거리, 먼 곳 : 먼, 멀리 떨어진

(5) document – _____

문서 – 다큐멘터리

Guide

(1), (3)은 서로 혼동하기 쉬운 단어이고,
(2)는 [❶ _____] 관계에 있는 단어이
다. (4)는 명사와 [❷ _____] 관계이
고, (5)는 둘 다 명사이면서 파생어 관계
에 있는 단어이다.

🔑 ❶ 반의어 ❷ 형용사

© VICUSCHKA / Shutterstock

확인 문제 2-1

우리말을 참고하여 밑줄 친 표현이 맞으면 ○, 틀리면 ×에 표시하시오.

(1) In the <u>distance</u> future, we might live on Mars. (○ / ×)

먼 미래에, 우리는 화성에서 살게 될 수도 있다.

(2) A large <u>quantity</u> of milk was spilled onto the carpet. (○ / ×)

많은 양의 우유가 카펫 위로 쏟아졌다.

Words

Mars 화성
spill 쏟다, 엎질러지다
carpet 카펫

© Pavel Chagochkin / Shutterstock

확인 문제 2-2

영영 풀이에 해당하는 단어를 주어진 철자로 시작하여 쓰시오.

(1) s_____ : a type of powder or seed that is used in cooking

(2) d_____ : a film or television program giving facts about something

(3) s_____ : a quality of a person or thing that gives them an advantage

Words

type 유형, 종류
powder 가루
seed 씨앗
fact 사실
advantage 이익, 편의

1 다음 중 짝 지어진 두 단어의 관계가 나머지와 <u>다른</u> 것은?

① distance – distant
② expense – expensive
③ poverty – wealth
④ impression – impressive
⑤ concern – concerned

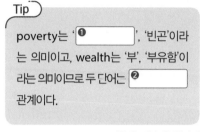

2 그림을 보고 네모 안에서 알맞은 표현을 고르시오.

I watched a [document / documentary] about polar bears last night.

3 문장의 밑줄 친 부분과 의미가 가장 유사한 것은?

She asked me to describe the <u>incident</u>.

① spice
② length
③ accident
④ wealth
⑤ strength

>> 정답과 해설 **12쪽**

4 우리말을 영어로 바르게 옮긴 학생은?

> 자신의 약점을 아는 것은 중요하다.

① It is important to know your expenses.

② It is important to know your qualities.

③ It is important to know your strengths.

④ It is important to know your quantities.

⑤ It is important to know your weaknesses.

Tip

'❶⬚⬚⬚'이라는 의미의 명사는 weakness이며, ❷⬚⬚⬚는 '힘', '강점', '장점'이라는 의미의 명사이다.

🔖 ❶ 약점 ❷ strength

Words
important 중요한

5 사진을 보고 〈보기〉에서 알맞은 단어를 골라 밑줄 친 부분을 바르게 고쳐 쓰시오.

┌ 보기 ┐
concern   expense   length   value

We measured the <u>depth</u> of the leaf.

➡ _____

Tip

사진 속에서 ❶⬚⬚의 ❷⬚⬚를 재고 있으므로 depth 대신 들어갈 단어를 생각해 본다.

🔖 ❶ 잎 ❷ 길이

Words
measure 재다, 측정하다
leaf 잎

029 industry [índəstri]

파생어 반의어 유의어 혼동어

industrial [indʌ́striəl]

명 산업

the tourism **industry** 관광 산업

형 산업의, 공업의

industrial products 공업 생산품

030 absence [ǽbsəns]

파생어 반의어 유의어 혼동어

absent [ǽbsənt]

명 결석, 결근, 부재

absence of fear 두려움의 부재

형 부재의, 없는, 결석한

A student was **absent** because of the flu.
한 학생이 감기 때문에 결석했다.

031 demand [dimǽnd]

파생어 반의어 유의어 혼동어

supply [səplái]

명 요구, 수요

a **demand** for better education
더 나은 교육에 대한 요구

명 공급, 물품, 보급(품)

the food **supply** 식량 공급

032 liquid [líkwid]

파생어 반의어 유의어 혼동어

solid [sálid]

명 액체 형 액체의, 유동성의

a clear **liquid** 투명한 액체

명 고체 형 고체의, 단단한

solid food 고형 식품

033 craft [kræft]

파생어 반의어 유의어 혼동어

draft [dræft]

명 공예, 수공예

a **craft** fair 수공예 전시회

명 밑그림, 초고, 초안

the first **draft** of the novel 그 소설의 초고

034 population [pàpjuléiʃən]

파생어 반의어 유의어 혼동어

popularity [pàpjulǽrəti]

명 인구, 개체 수

population growth 인구 증가

명 인기

the great **popularity** of the show
그 쇼의 굉장한 인기

필수 예제 3

우리말을 참고하여 빈칸에 알맞은 단어를 쓰시오.

(1) _____ – absent

결석, 결근, 부재 – 부재의, 없는, 결석한

(2) craft – _____

공예, 수공예 – 밑그림, 초고, 초안

(3) _____ – popularity

인구, 개체 수 – 인기

(4) demand : supply = liquid : _____

요구, 수요 : 공급, 물품, 보급(품) = 액체; 액체의, 유동성의 : 고체; 고체의, 단단한

(5) industry – _____

산업 – 산업의, 공업의

Guide

(1), (5)는 명사와 ❶ _____ 관계에 있는 단어이고, (2), (3)은 서로 혼동하기 쉬운 단어이며, (4)는 ❷ _____ 관계에 있는 단어이다.

답 ❶ 형용사 ❷ 반의어

확인 문제 3-1

우리말을 참고하여 밑줄 친 표현이 맞으면 ○, 틀리면 ×에 표시하시오.

(1) Add most of the flour to the solid. (○ / ×)

대부분의 밀가루를 액체에 넣으세요.

(2) The fuel supplies will not last forever. (○ / ×)

연료 공급이 영원히 지속되지는 않을 것이다.

Words
flour 밀가루
fuel 연료

© Timmary / Shutterstock

확인 문제 3-2

영영 풀이에 해당하는 단어를 주어진 철자로 시작하여 쓰시오.

(1) a_____ : the lack of something
(2) c_____ : an activity in which you make things with your hands
(3) p_____ : the number of people living in a particular area, country, etc.

Words
lack 부족, 결핍
activity 활동
particular 특정한

© Rawpixel.com / Shutterstock

035 **inquiry** [inkwáiəri]

파생어

inquire [inkwáiər]

몡 조사, 심문
scientific **inquiry** 과학적 조사

통 묻다, 문의하다, 조사하다
inquire into the details 세부 사항을 조사하다

036 **tale** [teil]

파생어 반의어 유의어 혼동어

tail [teil]

몡 이야기, 소설
She likes **tale**s of adventure.
그녀는 모험 이야기를 좋아한다.

몡 꼬리
Some dinosaurs had long **tail**s.
몇몇 공룡들은 긴 꼬리를 가졌다.

037 **region** [ríːdʒən]

파생어 반의어 유의어 혼동어

religion [rilídʒən]

몡 지역, 지방
the rural **region**s 농촌 지역

몡 종교
freedom of **religion** 종교의 자유

038 **rhythm** [ríðm]

파생어 반의어 유의어 혼동어

lyric [lírik]

몡 리듬, 박자
Listen to the **rhythm** of the music.
음악의 리듬에 귀를 기울여 보세요.

몡 가사
the **lyric**s of the song 노래의 가사

039 **statue** [stǽtʃuː]

파생어 반의어 유의어 혼동어

sculpture [skʌ́lptʃər]

몡 동상, 조각상
the **Statue** of Liberty 자유의 여신상

몡 조각, 조각품
a **sculpture** exhibition 조각품 전시

040 **version** [və́ːrʒən]

파생어 반의어 유의어 혼동어

edition [idíʃən]

몡 판, 형태, 버전
I prefer the original **version** of the play.
나는 그 연극의 최초 버전을 더 좋아한다.

몡 간행물의 판(版)
the US **edition** of the magazine 그 잡지의 미국판

필수 예제 4

우리말을 참고하여 빈칸에 알맞은 단어를 쓰시오.

(1) _____ − lyric

리듬, 박자 − 가사

(2) version : edition = statue : _____

판, 형태, 버전 : 간행물의 판(版) = 동상, 조각상 : 조각, 조각품

(3) _____ − tail

이야기, 소설 − 꼬리

(4) inquiry − _____

조사, 심문 − 묻다, 문의하다, 조사하다

(5) region − _____

지역, 지방 − 종교

Guide

(1), (3), (5)는 서로 혼동하기 쉬운 단어이다. (2)는 ❶ _____ 관계에 있는 단어이고, (4) inquiry는 동사 ❷ _____의 파생어이다.

답 ❶ 유의어 ❷ inquire

확인 문제 4-1

우리말을 참고하여 밑줄 친 표현이 맞으면 ○, 틀리면 ×에 표시하시오.

(1) Snow is expected in mountain religions. (○ / ×)

산간 지역에서 눈이 올 것으로 예상된다.

(2) He tells some unbelievable tales. (○ / ×)

그는 믿을 수 없는 이야기들을 한다.

Words
expect 예상하다
unbelievable 믿을 수 없는

확인 문제 4-2

영영 풀이에 해당하는 단어를 주어진 철자로 시작하여 쓰시오.

(1) l_____ : the words of a song
(2) i_____ : a question that you ask to get information
(3) v_____ : one form of something that has many forms

Words
information 정보
form 형식, 형태

© Africa Studio / Shutterstock

1 다음 중 짝 지어진 두 단어의 관계가 나머지와 <u>다른</u> 것은?

① tale – tail ② craft – draft

③ rhythm – lyric ④ absence – absent

⑤ region – religion

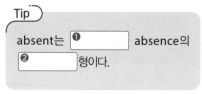
2 사진을 보고 네모 안에서 알맞은 표현을 고르시오.

© Romolo Tavani / Shutterstock

The region / religion is famous for its fine wines and mild weather.

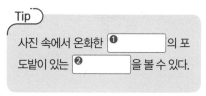
3 문장의 밑줄 친 부분과 의미가 가장 유사한 것은?

The <u>statue</u> was made by Phidias in honor of the king of the Greek gods.

① solid ② edition

③ inquiry ④ supply

⑤ sculpture

4 우리말을 영어로 바르게 옮긴 학생은?

중국의 인구는 한국의 인구보다 훨씬 더 많다.

① The industry of China is much larger than that of Korea.

② The absence of China is much larger than that of Korea.

③ The industrial of China is much larger than that of Korea.

④ The population of China is much larger than that of Korea.

⑤ The popularity of China is much larger than that of Korea.

© Turn_around_around / Shutterstock

Tip

population은 '❶⬚⬚⬚'라는 의미이며, popularity는 '❷⬚⬚⬚'라는 의미로서 서로 혼동하지 않도록 주의한다.

답 ❶ 인구 ❷ 인기

5 사진을 보고 〈보기〉에서 알맞은 단어를 골라 밑줄 친 부분을 바르게 고쳐 쓰시오.

© ArCaLu / Shutterstock

보기

craft   supply   version   liquid

The drought threatened the water <u>demand</u> in some areas.

➡ _____

Tip

사진 속의 땅이 ❶⬚⬚⬚으로 갈라져 있으므로 물 ❷⬚⬚⬚을 위협하고 있다는 내용이 알맞다.

답 ❶ 가뭄 ❷ 공급

Words
drought 가뭄

대표 예제 1

짝 지어진 두 단어의 관계가 같도록 빈칸에 알맞은 말을 쓰시오.

(1) industry : industrial

= distance : _____

(2) weakness : _____

= demand : supply

개념 Guide

industry와 industrial은 명사와 ❶[____]의 관계이고, demand와 supply는 ❷[____] 관계이다.

답 ❶ 형용사 ❷ 반의어

대표 예제 2

문장의 네모 안에서 문맥에 맞는 말을 고르시오.

Did you hear that fairy tale / tail from your grandparents?

개념 Guide

'❶[____]'라는 의미의 단어를 생각해 본다.

• grandparent ❷[____]

답 ❶ 이야기 ❷ 조부모

대표 예제 3

영영 풀이에 해당하는 단어로 가장 알맞은 것은?

an activity in which you make things with your hands

① craft ② draft
③ liquid ④ solid
⑤ inquiry

개념 Guide

'❶[____]으로 물건을 만드는 활동'의 의미를 가진 단어는 ❷[____]이다.

답 ❶ 손 ❷ craft

대표 예제 4

문장의 밑줄 친 부분과 의미가 가장 유사한 것은?

The incident was caused by a misunderstanding between the students.

① theme ② quality
③ industry ④ accident
⑤ document

개념 Guide

학생들 사이의 ❶[____]로 인해 ❷[____]이 발생했다는 내용이다.

답 ❶ 오해 ❷ 사건

대표 예제 5

빈칸에 공통으로 알맞은 말을 쓰시오.

(1) The company charges passengers according to the _____s of their flights.

(2) The Danube River has a _____ of about 2,850km.

개념 Guide

비행 '❶_____'와 강의 '길이'라는 의미의 단어를 생각해 본다.

• charge (요금을) ❷_____ • passenger 승객

답 ❶ 거리 ❷ 청구하다

대표 예제 6

사진과 영영 풀이를 참고하여 빈칸에 들어갈 말로 알맞은 것을 고르면?

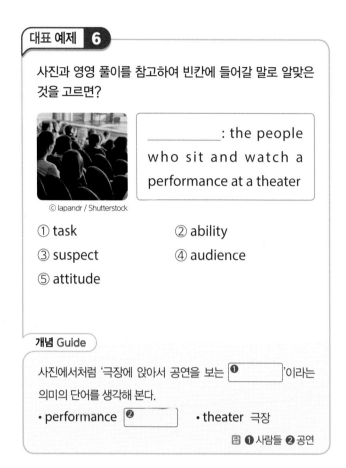

© lapandr / Shutterstock

_____ : the people who sit and watch a performance at a theater

① task   ② ability

③ suspect   ④ audience

⑤ attitude

개념 Guide

사진에서처럼 '극장에 앉아서 공연을 보는 ❶_____'이라는 의미의 단어를 생각해 본다.

• performance ❷_____ • theater 극장

답 ❶ 사람들 ❷ 공연

대표 예제 7

다음 중 밑줄 친 부분의 우리말 풀이로 알맞지 <u>않은</u> 것은?

① I don't know the <u>lyrics</u> of the song. (박자)

② Freedom of <u>religion</u> must be protected. (종교)

③ Some of the secret <u>documents</u> went missing. (문서)

④ Tomorrow is my parents' 17th wedding <u>anniversary</u>. (기념일)

⑤ The team showed an <u>impressive</u> performance at the Olympics. (인상적인)

개념 Guide

lyric은 '❶_____'라는 의미이고, '박자'라는 의미의 명사는 ❷_____이다.

• protect 보호하다   • go missing 사라지다

답 ❶ 가사 ❷ rhythm

대표 예제 8

문장의 빈칸에 알맞은 것은?

They donate large _____ of food to the poor.

① qualities   ② quantities

③ inquiries   ④ generations

⑤ conversations

© photka / Shutterstock

개념 Guide

많은 ❶_____의 음식을 ❷_____는 의미가 자연스러우므로 빈칸에 들어갈 단어가 무엇인지 생각해 본다.

답 ❶ 양 ❷ 기부한다

대표 예제 9

문장의 빈칸에 알맞은 말을 〈보기〉에서 골라 쓰시오.

┌─ 보기 ─────────────────────┐
    expense   wealth   distance
└───────────────────────────┘

(1) The boys watched from a _____.
(2) They need to reduce the total _____.

개념 Guide

의미상 (1) 소년들이 ❶[   ]에서 지켜보았다는 내용, (2) 그들이 총 ❷[   ]를 줄여야 한다는 내용이 자연스럽다.

🔑 ❶ 먼 곳 ❷ 경비

대표 예제 10

다음 중 영영 풀이가 알맞지 <u>않은</u> 것은?

① draft: a piece of writing that is not yet in its finished form
② generation: all the people who are about the same age
③ incident: something that happens, especially something unusual
④ depth: the distance from the top of something to the bottom
⑤ popularity: the number of people living in a particular area, country, etc.

개념 Guide

'특정한 지역이나 나라 등에 사는 사람들의 ❶[   ]'라는 의미의 단어를 생각해 본다.   • bottom ❷[   ], 밑바닥

🔑 ❶ 수 ❷ 바닥

대표 예제 11

문장의 빈칸에 알맞은 것은?

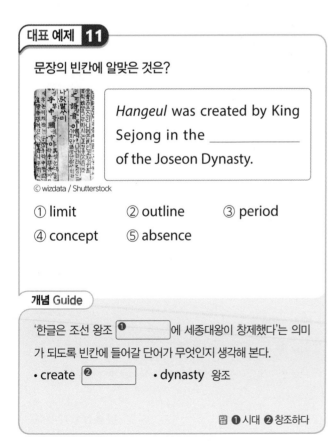

Hangeul was created by King Sejong in the _____ of the Joseon Dynasty.

© wizdata / Shutterstock

① limit   ② outline   ③ period
④ concept   ⑤ absence

개념 Guide

'한글은 조선 왕조 ❶[   ]에 세종대왕이 창제했다'는 의미가 되도록 빈칸에 들어갈 단어가 무엇인지 생각해 본다.
• create ❷[   ]   • dynasty 왕조

🔑 ❶ 시대 ❷ 창조하다

대표 예제 12

문장의 밑줄 친 부분과 의미가 가장 유사한 것은?

The new <u>version</u> of *West Side Story* was directed by Steven Spielberg.

① edition   ② request   ③ concern
④ sculpture   ⑤ documentary

개념 Guide

「West Side Story」의 새 ❶[   ]은 Steven Spielberg에 의해 연출되었다.'라는 의미이므로 밑줄 친 부분과 의미가 가장 유사한 단어가 무엇인지 생각해 본다.
• direct ❷[   ]

🔑 ❶ 버전 ❷ (연극·영화를) 감독하다, 연출하다

대표 예제 13

우리말과 일치하도록 <u>어색한</u> 단어를 찾아 고쳐 쓰시오.

> 나는 칠리소스가 너무 매워서 타코를 먹을 수 없었다.
> ➡ I couldn't eat the taco because chili sauce was too spice.
> _____ ➡ _____

개념 Guide

'❶[　　]'이라는 의미의 단어는 ❷[　　]이다.
• chili sauce 칠리소스

답 ❶ 매운 ❷ spicy

대표 예제 14

그림을 보고 빈칸에 들어갈 말로 알맞은 것을 고르면?

> The color of these desserts, yellow or gold, stands for _____ in Thai culture.

① myth　　② wealth
③ poverty　　④ article
⑤ theme

개념 Guide

그림에서 태국인들이 음식을 보면서 ❶[　　]을 떠올리고 있으므로 빈칸에 들어갈 말로 알맞은 말을 생각해 본다.
• dessert 후식　• stand for ❷[　　]

답 ❶ 금 ❷ ~을 상징하다

대표 예제 15

영영 풀이에 알맞은 단어를 주어진 철자로 시작하여 쓰시오.

(1) v_____ : how much something is worth
(2) i_____ : an idea, a feeling or an opinion that you get about somebody or something

개념 Guide

'무언가가 ❶[　　] 있는 정도'라는 의미를 가진 단어와 '누군가 혹은 무언가에 대해 얻은 생각, 느낌 또는 의견'이라는 의미의 단어가 무엇인지 생각해 본다.
• opinion ❷[　　]

답 ❶ 가치 ❷ 의견

대표 예제 16

영영 풀이를 참고하여 빈칸에 알맞은 것을 고르면?

> I like your good _____; you always look on the bright side.
> (= how you think or feel about something)

① liquid　　② inquiry
③ audience　　④ attitude
⑤ document

개념 Guide

'무언가에 대해 생각하거나 느끼는 ❶[　　]'이라는 의미를 가진 단어는 ❷[　　]이다.
• bright 밝은, 긍정적인

답 ❶ 방식 ❷ attitude

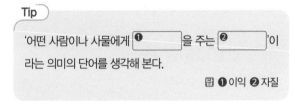

[1~2] 영영 풀이에 해당하는 단어로 알맞은 것을 고르시오.

1

> a quality of a person or thing that gives them an advantage

① inquiry   ② strength

③ impression   ④ weakness

⑤ conversation

Tip

'어떤 사람이나 사물에게 [❶_____]을 주는 [❷_____]'이 라는 의미의 단어를 생각해 본다.

답 ❶이익 ❷자질

Words advantage 이익, 편의

2

> the shape made by the outside edge of something

① region   ② depth

③ request   ④ outline

⑤ documentary

Tip

'무언가의 [❶_____] 가장자리에 의해 만들어진 [❷_____]'이라는 의미의 단어를 생각해 본다.

답 ❶바깥쪽 ❷모양

Words edge 가장자리

3 밑줄 친 단어의 영영 풀이로 알맞은 것은?

© Atstock Productions / Shutterstock

> He met the <u>suspect</u> and asked some questions.

① someone who is thought to be guilty

② the state of being liked by many people

③ a piece of writing in a magazine or newspaper

④ the skill or qualities that you need to do something

⑤ the people who sit and watch a performance at a theater

Tip

여기서 **suspect**는 '[❶_____]'라는 의미의 [❷_____] 로 쓰였으므로 이에 해당하는 영영 풀이를 생각해 본다.

답 ❶용의자 ❷명사

Words guilty 유죄의   magazine 잡지
skill 기술

4 우리말과 일치하도록 빈칸에 알맞은 말을 쓰시오.

(1) It is really a document of great historical _____ .

그것은 정말로 대단한 역사적 가치가 있는 문서이다.

(2) What do you do to overcome your _____ ?

너는 너의 약점을 극복하기 위해 무엇을 하니?

(3) The _____ of a year on Mars is 687 Earth days.

화성에서 1년의 길이는 지구의 687일이다.

Tip

각각 '❶_____', '약점', '❷_____'라는 의미를 가진 단어를 생각해 본다.

답 ❶ 가치 ❷ 길이

Words historical 역사적인   overcome 극복하다
Mars 화성

5 다음 중 밑줄 친 단어의 쓰임이 가장 어색한 것은?

① The bird's feathers were <u>impressive</u>.

② The foreigners were interested in the Korean <u>crafts</u>.

③ Bingo always wags his <u>tale</u> when my father comes home.

④ They have produced a <u>documentary</u> about K-pop music.

⑤ She showed up wearing a costume in the <u>theme</u> of the animation.

Tip

tale은 '이야기', '소설'이라는 의미의 명사이므로 흐름상 '❶_____'라는 의미의 ❷_____로 고쳐 써야 한다.

답 ❶ 꼬리 ❷ tail

Words feather 깃털   foreigner 외국인
be interested in ～에 관심이 있다
wag (꼬리 등을) 흔들다
produce 생산하다, 제작하다
show up 나타나다

6 글의 빈칸에 가장 알맞은 것은?

One day Abril went to a pet shop to buy a parrot. "How much is this blue one?" she asked.

"It costs $2,000," said the pet shop owner.

"Why is it so _____?" asked Abril.

"This parrot is a very special one. It can play the piano!"

"What about the green one?" she asked.

"It costs $5,000 because it can play the piano, paint pictures, and jump rope."

© Red_deer_1 / Shutterstock

① distant   ② expense

③ expensive   ④ valuable

⑤ concerned

Tip

애완동물 가게 주인이 파란 앵무새는 ❶_____를 칠 수 있어 특별하다고 답했으므로 Abril은 그것이 왜 그렇게 ❷_____ 질문했을 것이다.

답 ❶ 피아노 ❷ 비싼지

Words pet shop 애완동물 가게
cost (값·비용이) ～이다   owner 주인
jump rope 줄넘기하다

1 다음 중 나머지와 품사가 <u>다른</u> 하나는?

① article   ② wealth

③ absent   ④ outline

⑤ generation

2 우리말과 일치하도록 빈칸에 알맞은 것을 고르면?

> The _____ applauded after the opera finished.
>
> 그 오페라가 끝나고 나서 관중이 환호했다.

① value   ② theme

③ suspect   ④ audience

⑤ impression

3 영영 풀이에 해당하는 단어를 주어진 철자로 시작하여 쓰시오.

> something that happens, especially something unusual

➡ i_____

4 우리말과 일치하도록 〈보기〉에서 알맞은 단어를 골라 쓰시오.

> ┌ 보기 ┐
>
> poverty   limit   length

(1) He wanted to test his _____.

그는 자신의 한계를 시험해 보고 싶었다.

(2) They lived in conditions of _____ when they were young.

그들은 어릴 때 가난한 환경에서 살았다.

Words

2 applaud 박수갈채하다, 칭찬하다   opera 오페라   **3** unusual 특이한, 드문

4 condition 조건, 상태, 환경

5 다음 중 짝 지어진 두 단어의 관계가 나머지와 <u>다른</u> 것은?

① spice – spicy
② statue – sculpture
③ distance – distant
④ concern – concerned
⑤ industry – industrial

7 글의 빈칸에 가장 알맞은 것은?

Euclid taught math at the Library of Alexandria when Ptolemy I was the king of Egypt. People call him "the father of math." He showed how to draw a triangle that has three sides of the same _____. He also showed how to find the center of the biggest circle in a triangle. One day Ptolemy I asked, "Is there an easier way to study math?" Euclid replied, "There is no royal road to learning."

① depth
② length
③ version
④ expense
⑤ concept

6 글의 네모 안에서 알맞은 단어를 골라 쓰시오.

Today calligraphy is widely used around us. You can find designers' artistic touches on movie posters, book covers, music CDs, and clothes. Below are some examples. Look at the title on the movie poster. How do you feel? Can you imagine the monster's big mouth, sharp teeth, and ugly, long tail / tale ? How about the title on the fantasy novel? Do you see Harry's lightning and the wizard hats?

➡ _____

© Iveekam / Shutterstock

Words

6 calligraphy 캘리그래피   artistic 예술의, 예술적인   sharp 날카로운   fantasy 판타지, 환상, 공상   lightning 번개   wizard 마법사

7 triangle 삼각형   side (기하 도형의) 변   center 중심, 중앙   royal 국왕의, 최고의

A 영어 단어 카드의 지워진 부분을 채운 다음, 우리말 뜻과 바르게 연결하시오.

1. absence   ⓐ 종교

2. distance   ⓑ 우려하는, 신경 쓰는

3. depth   ⓒ 결석, 결근, 부재

4. religion   ⓓ 거리, 먼 곳

5. concerned   ⓔ 깊이

B 각 사람이 하는 말과 일치하도록 위에서 완성한 카드 중 알맞은 것을 골라 문장을 완성하시오.

1.

나는 나의 할머니가 걱정돼.

➡ I am _____ about my grandmother.

2.

나는 저 호수의 깊이가 궁금해.

➡ I'm wondering about the _____ of the lake.

3.

내 고양이의 부재가 나를 슬프게 해.

➡ The _____ of my cat makes me sad.

C 우리말 카드에 해당하는 단어를 쓰고, 퍼즐에서 찾아 표시하시오. (→ 방향과 ↓ 방향으로 찾을 것)

향신료, 양념
spice

공예, 수공예
_____

세대, 발생
_____

신화
_____

가치
_____

양, 수량
_____

산업
_____

D 우리말을 참고하여 철자의 순서를 바르게 배열하시오.

1. _____ : 주제, 테마, 요지

e m t
e h

2. _____ : 먼, 멀리 떨어진

a i s d
t n t

3. _____ : 힘, 강점, 장점

t r n s
h e g t

4. _____ : 액체; 액체의

i u l
d i q

5. _____ : 간행물의 판(版)

i t d i
e n o

6. _____ : 인상적인

m e s p s
i r v e i

E 각 사람이 하는 말과 일치하도록 위에서 완성한 단어 중 알맞은 것을 골라 문장을 완성하시오. (단, 필요한 경우 단어의 형태를 바꿀 것)

1.

나는 나의 장점과 단점을 알고 있어.

➡ I know my _____ and weaknesses.

2.

그 공연은 꽤 인상적이었어.

➡ The concert was quite _____ .

3.

나는 그 영화의 주제곡이 마음에 들어.

➡ I like the _____ song of the film.

F 퍼즐을 완성하시오.

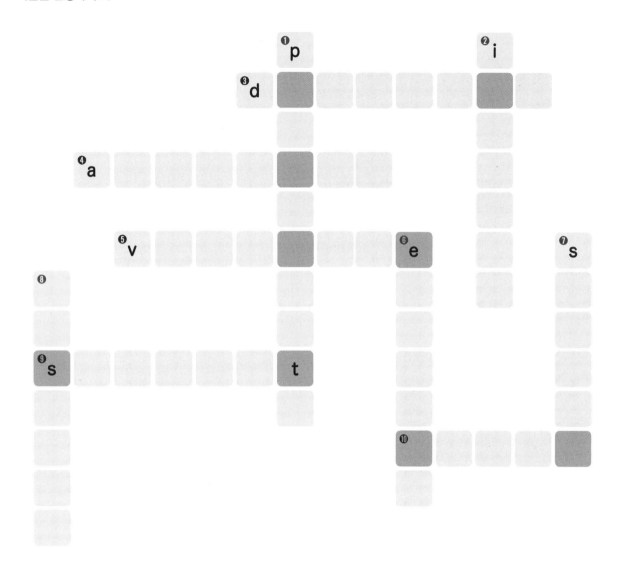

Across ▶

❸ a piece of paper that has official information
   on it ➡ _____

❹ _____ : 태도

❺ _____ : 가치 있는, 귀중한, 소중한

❾ someone who is thought to be guilty
   ➡ _____

❿ concern : concerned
   = spice : _____

Down ▼

❶ _____ : 인기

❷ _____ the way
   길을 물어보다

❻ figure out the _____
   비용을 계산하다

❼ liquid : solid = demand : _____

❽ the lack of something ➡ _____

BOOK 1 마무리 전략

Week 1   1주 차에 학습한 어휘입니다. ●, ★, ◆, ♥, ♠ 에 알맞은 철자를 넣어 단어를 완성해 봅시다.
아는 단어에 ✔ 표시하고, 모르는 단어는 복습하세요.

☐ appo●nt

☐ sel◆ct

☐ r◆gister

☐ ★ffect

☐ d◆ny

☐ c♥nstruct

☐ ★ssociate

☐ cl★im

☐ gr★b

☐ examin◆

☐ appro★ch

☐ pr♥m♥te

☐ ♥rganize

☐ ●nstall

☐ ★nno●nce

☐ d◆l◆t◆

☐ p★rticipate

☐ dr♥wn

☐ cr●ticize

☐ l♥cate

☐ thr◆★ten

☐ ent◆rtain

☐ dec●sion

☐ ◆lect

☐ p◆rform

☐ ●nvade

☐ g♥vern

☐ p◆rformance

☐ d●gest

☐ concl♠sion

☐ r♥b

☐ ◆xhibit

☐ adm●t

☐ s♠pport

☐ eff◆ct

☐ l♥♥sen

☐ dr●p

☐ rec♥gnize

☐ improv◆

☐ contin♠e

정답 ● i ★ a ◆ e ♥ o ♠ u

Week 2 2주 차에 학습한 어휘입니다. ♠, ★, ♣, ♥, ♠ 에 알맞은 철자를 넣어 단어를 완성해 봅시다.
아는 단어에 ✔ 표시하고, 모르는 단어는 복습하세요.

☐ attitu♠e

☐ impressio♣

☐ conve♣sation

☐ absen★e

☐ ★raft

☐ expe♣se

☐ the♥e

☐ lyri★

☐ weak♣ess

☐ d♣aft

☐ s★ulpture

☐ ♠epth

☐ distan★e

☐ popula♣ity

☐ pove♣ty

☐ soli♠

☐ versio♣

☐ spi★e

☐ i♥pressive

☐ co♣cern

☐ stre♣gth

☐ i♣quiry

☐ suspe★t

☐ qua♣tity

☐ indust♣y

☐ liqui♠

☐ audien★e

☐ ♣hyth♥

☐ le♣gth

☐ ♣egion

☐ ac★ident

☐ abse♣t

☐ populatio♣

☐ docu♥entary

☐ de♥and

☐ pe♣iod

☐ a♣niversary

☐ ge♣eration

☐ st♣ength

☐ editio♣

답 ♣n ★c ♣r ♥m ♠d

[1~2] 그림표를 보고, 물음에 답하시오.

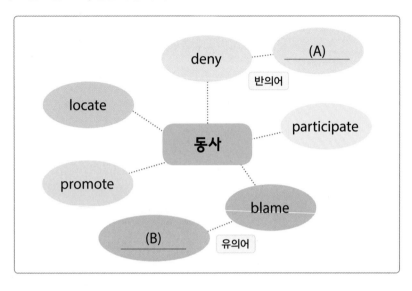

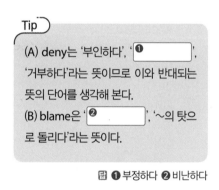

deny **❶**〔　　　〕, 부정하다, 거부
하다

participate 참가하다, 참여하다

❷〔　　　〕 비난하다, ~의 탓으로
돌리다; 비난, 책임

promote 홍보하다, 촉진하다, 승진
시키다

locate (건물 등이) 위치하다, 위치를
찾아내다

답 **❶** 부인하다 **❷** blame

1 그림표 속 관계를 참고하여 빈칸 (A), (B)에 알맞은 낱말을 각각 골라 쓰시오.

(A) 　　decide　　　　　admit

➡ ＿＿＿＿＿＿＿＿＿

(B) 　　invade　　　　　criticize

➡ ＿＿＿＿＿＿＿＿＿

2 〈조건〉에 맞게 문장을 완성하시오.

┌─ 조건 ─────────────
위 그림표에서 단어를 고르되, 영영 풀이를 참고할 것
└────────────────────

to find the exact position of somebody or something

The building is ＿＿＿＿＿＿d near the Han River.

[3~4] 그림표를 보고, 물음에 답하시오.

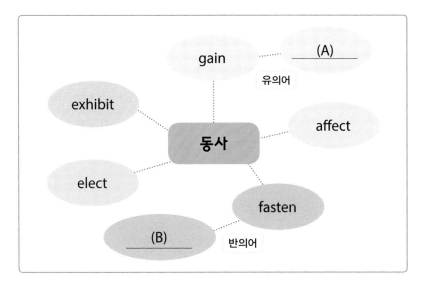

gain ❶ _____ , 획득하다

affect ~에게 영향을 주다

fasten 매다, 잠그다, 고정시키다

❷ _____ 선출하다

exhibit 전시하다

답 ❶ 얻다 ❷ elect

3 그림표 속 관계를 참고하여 빈칸 (A), (B)에 알맞은 낱말을 각각 골라 쓰시오.

support	improve	obtain
announce	loosen	conclude

(A) ➡ _____

(B) ➡ _____

Tip

(A) gain은 '얻다', '❶ _____ '라는 뜻이다.

(B) fasten은 '❷ _____ ', '잠그다', '고정시키다'라는 뜻이다.

답 ❶ 획득하다 ❷ 매다

4 위 그림표에서 알맞은 단어를 골라 문장을 완성하시오.

(1) They _____(e)d their paintings on the street wall.

(2) She was _____(e)d as the first female CEO of the company.

Tip

(1) 거리 벽에 그림을 '❶ _____ '라는 의미가 알맞다.

(2) 그녀가 첫 번째 여성 대표로 '선출되었다'라는 의미가 자연스럽다.

• female ❷ _____

답 ❶ 전시했다 ❷ 여성의

[5~6] 그림표를 보고, 물음에 답하시오.

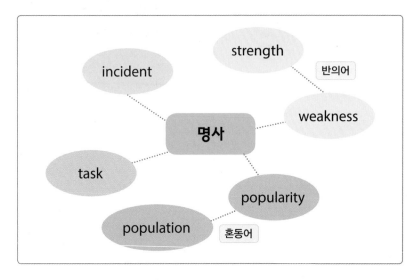

strength 힘, 강점, 장점

weakness 약점

❶[   ] 인기

population 인구, 개체 수

task 일, 과제, 과업

incident ❷[   ], 사고

답 ❶ popularity ❷ 사건

5 짝 지어진 두 단어의 관계가 같도록 빈칸에 알맞은 말을 위 그림표에서 찾아 쓰시오.

| statue | ─ | sculpture |
| [   ] | ─ | accident |

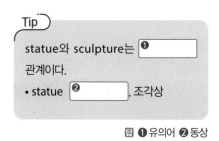

Tip

statue와 sculpture는 ❶[   ] 관계이다.

• statue ❷[   ], 조각상

답 ❶ 유의어 ❷ 동상

6 위 그림표에서 알맞은 단어를 찾아, 다음 밑줄 친 부분을 고쳐 쓰시오.

ⓒ Getty Images Korea

The <u>population</u> of the word Metaverse is increasing.

➡ _____

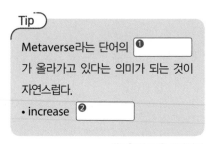

Tip

Metaverse라는 단어의 ❶[   ] 가 올라가고 있다는 의미가 되는 것이 자연스럽다.

• increase ❷[   ]

답 ❶ 인기 ❷ 증가하다

*메타버스(Metaverse): 가상을 의미하는 meta와 세계를 의미하는 universe의 합성어

>> 정답과 해설 18쪽

[7~8] 그림표를 보고, 물음에 답하시오.

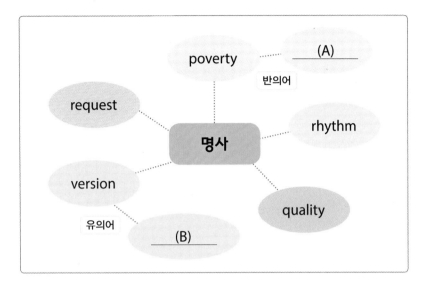

poverty **❶**   , 빈곤

rhythm   리듬, 박자

quality   질, 품질, (사람의) 자질

❷   판, 형태, 버전

request   부탁, 요청; 요청하다

답 **❶** 가난 **❷** version

7
그림표 속 관계를 참고하여 빈칸 (A), (B)에 알맞은 단어를 각각 골라 쓰시오.

| impression | generation | suspect |
| edition | industry | wealth |

(A) ➡ _____

(B) ➡ _____

Tip
(A) poverty는 '**❶**   ', '빈곤'이
라는 뜻이므로 이와 반대되는 의미의 단
어를 생각해 본다.
(B) version은 '**❷**   ', '형태',
'버전'이라는 의미이므로 이와 유사한 의
미의 단어를 생각해 본다.

답 **❶** 가난 **❷** 판

8
위 그림표에서 알맞은 단어를 골라 문장을 완성하시오.

(1) They made a _____ for more help.

(2) They recommend goods of high _____ from all over
the world.

Tip
(1) 더 많은 도움을 '**❶**   '했다
는 의미가 알맞다.
(2) 높은 '품질'의 제품이라는 의미가 알
맞다.
• recommend **❷**

답 **❶** 요청 **❷** 추천하다

적중 예상 전략 | ❶

1 영영 풀이에 해당하는 단어로 가장 알맞은 것은?

> to come close in distance or time

① aim　　　　② claim
③ install　　　④ approach
⑤ threaten

2 다음 중 짝 지어진 두 단어의 관계가 나머지와 <u>다른</u> 것은?

① obtain − gain
② locate − location
③ govern − government
④ perform − performance
⑤ examine − examination

3 영영 풀이에 해당하는 단어를 주어진 철자로 시작하여 쓰시오.

> to keep someone interested

➡ e_____

4 영영 풀이를 참고하여 빈칸에 알맞은 것을 고르면?

> They never _____ in the classroom activities.
> (= to do an activity with other people)

① grab　　　　② delete
③ drown　　　④ invade
⑤ participate

5 그림을 보고 네모 안에서 알맞은 표현을 고르시오.

> The suspect 　denied / admitted　 that he was at the scene of the crime.

6 밑줄 친 부분과 바꾸어 쓸 수 있는 것은?

> The fake news about the poor child was <u>criticized</u> by many people.

① elect
② blame
③ associate
④ improve
⑤ continue

7 사진을 보고 빈칸에 알맞은 말을 〈보기〉에서 골라 쓰시오. (단, 필요시 형태를 바꿀 것)

┌─ 보기 ┐
display   construct   drip

© Breadmaker / Shutterstock

(1) The elegant house was _____ in 1988.

그 우아한 저택은 1988년에 지어졌다.

© Andrey–Popov / Shutterstock

(2) There was water _____ from the ceiling.

천장에서 물이 떨어지고 있었다.

8 대화의 빈칸에 들어갈 말로 알맞은 것은?

> A: Hello, Bright Eyes. How may I help you?
> B: Hello. I need to make a(n) _____ for this afternoon.
> A: What's your name, please?
> B: My name is Hong Chaebin.
> A: What's the problem?
> B: My eyes hurt.

① digestion
② conclusion
③ organization
④ appointment
⑤ announcement

9 빈칸에 공통으로 알맞은 말을 주어진 철자로 시작하여 쓰시오.

> (1) He c_____ed that he saw the boy last night.
> (2) They filed a c_____ with the insurance company.

➡ c_____

10 밑줄 친 부분과 바꾸어 쓸 수 있는 말을 주어진 철자로 시작하여 쓰시오.

> The museum <u>displayed</u> this vase in the art gallery.

➡ e_____

11 그림을 보고 빈칸에 들어갈 말로 알맞은 것을 고르면?

© Puengpm / Shutterstock

Andy had eaten so much that he had to
_____ his belt.

① gain   ② fasten

③ loosen   ④ recognize

⑤ cultivate

12 영영 풀이에 해당하는 단어를 〈보기〉에서 골라 쓰시오.

┌─ 보기 ┐
examine   rob   promote
approach   admit   install
└──────────────┘

(1) to advertise something

   ➡ _____

(2) to agree that you did something bad

   ➡ _____

(3) to put a piece of equipment somewhere
and make it ready to use

   ➡ _____

13 대화의 밑줄 친 부분을 바르게 고쳐 쓰시오.

© Monkey Business Images / Shutterstock

A: Which team do you <u>suppose</u>?
B: The Blues.

➡ _____

14 다음 중 밑줄 친 부분의 우리말 풀이로 알맞지 <u>않은</u> 것은?

① Her French has <u>improved</u>. (향상되었다)

② She was surprised and <u>dropped</u> her cell
phone. (떨어뜨렸다)

③ Climate change <u>affects</u> glaciers around the
world. (~에게 영향을 준다)

④ She <u>concluded</u> her speech with a poem by
Walt Whitman. (끝마쳤다)

⑤ He was the first African-American <u>elected</u>
as the US president. (선택했다)

15 빈칸에 공통으로 들어갈 말로 알맞은 것은?

> • Mr. Anderson was _____(e)d as a new chairman.
> • We _____(e)d the date and time for the next meeting.

① blame   ② govern
③ fasten   ④ appoint
⑤ associate

16 영영 풀이에 해당하지 <u>않는</u> 단어는?

> ⓐ to plan or arrange something
> ⓑ a change or result that is caused by something
> ⓒ to find the exact position of somebody or something
> ⓓ to choose something after thinking about the different possibilities

① effect   ② decide
③ locate   ④ register
⑤ organize

17 밑줄 친 부분을 바르게 고쳐 쓰시오.

> The doctor will ask some questions and <u>examination</u> the patient.

➡ _____

[18~19] 다음 글을 읽고, 물음에 답하시오.

> Today the International Olympic Committee (A) _____ to stop the Winter Olympics. It is really hard to see snow or ice anywhere in the world, even on high mountains because of global warming. According to the Committee, the Winter Olympics will never return if the problem of global warming (B) _____s.

18 윗글의 빈칸 (A)에 알맞은 단어를 <보기>에서 골라 쓰시오.

┌ 보기 ┐
> selected   criticized   decided

➡ _____

19 윗글의 빈칸 (B)에 들어갈 말로 가장 알맞은 것은?

① blame   ② admit
③ represent   ④ promote
⑤ continue

1 영영 풀이에 해당하는 단어로 가장 알맞은 것은?

> the measurement of how long something is from one end to the other

① depth   ② length
③ quality   ④ quantity
⑤ popularity

2 다음 중 짝 지어진 두 단어의 관계가 나머지와 <u>다른</u> 것은?

① spice – spicy
② distance – distant
③ expense – expensive
④ industry – industrial
⑤ document – documentary

3 영영 풀이에 해당하는 단어를 주어진 철자로 시작하여 쓰시오.

> the people who sit and watch a performance at a theater

➡ a＿＿＿＿＿＿＿

4 영영 풀이를 참고하여 빈칸에 알맞은 것을 고르면?

> The village gave a good ＿＿＿＿＿＿.
> (= an idea, a feeling or an opinion that you get about somebody or something)

① ability   ② article
③ outline   ④ impressive
⑤ impression

5 (A), (B)의 네모 안에서 각각 흐름에 맞는 단어로 알맞은 것을 고르시오.

> Water changes from a (A) liquid / solid to a (B) liquid / solid when it freezes.

6 밑줄 친 부분과 바꾸어 쓸 수 있는 것은?

> The <u>incident</u> was caused by heavy fog.

① request   ② concept

③ attitude   ④ accident

⑤ conversation

7 사진을 보고 빈칸에 알맞은 말을 〈보기〉에서 골라 쓰시오.

┌─ 보기 ┐
    limit   draft   demand

© Andrey_Popov / Shutterstock

(1) It is impossible to meet all of their _____s.

그들의 모든 요구 사항을 다 충족하기는 불가능하다.

© Franck Boston / Shutterstock

(2) Can you show me the _____ drawing of the house?

그 집의 초안 도면을 보여줄 수 있나요?

8 대화의 빈칸에 들어갈 말로 알맞은 것은?

> A: How was your weekend, Mina?
> B: It was great. I read a book about Vincent van Gogh and his brother Theo.
> A: Oh, great. How was it?
> B: It was awesome. Theo wrote letters to Vincent and supported him during his lifetime.
> A: Oh, that's _____.

① spicy   ② distant

③ concerned   ④ expensive

⑤ impressive

9 빈칸에 공통으로 알맞은 말을 주어진 철자로 시작하여 쓰시오.

> (1) When she was young, she was regularly a_____ from school.
> (2) Snow is a_____ in some countries.

➡ a_____

10 밑줄 친 부분과 바꾸어 쓸 수 있는 말을 주어진 철자로 시작하여 쓰시오.

> *Venus de Milo* is one of the most famous <u>sculptures</u>.

➡ s_____

11 사진을 보고 빈칸에 들어갈 말로 알맞은 것을 고르면?

© New Africa / Shutterstock

> There is a weight _____ on the luggage.

① task   ② attitude

③ limit   ④ distance

⑤ suspect

12 영영 풀이에 해당하는 단어를 〈보기〉에서 골라 쓰시오.

> ┌ 보기 ┐
>
> theme outline valuable
> popularity population weakness

(1) the shape made by the outside edge of something

➡ _____

(2) very useful or important

➡ _____

(3) the number of people living in a particular area, country, etc.

➡ _____

13 사진을 보고 대화의 밑줄 친 부분을 바르게 고쳐 쓰시오.

© Getty Images Korea

> **A:** I don't like music without rhythms.
> **B:** Same here. They're boring.

➡ _____

14 다음 중 밑줄 친 부분의 우리말 풀이로 알맞지 <u>않은</u> 것은?

① The soup was too <u>spicy</u>. (매운)

② The <u>supply</u> of fossil fuels is limited. (공급)

③ The waiter <u>inquired</u> if I was ready for dessert. (물었다)

④ The performance is based on an old Korean <u>tale</u>. (이야기)

⑤ The <u>region</u> is well known for its extreme cold conditions. (종교)

15 빈칸에 공통으로 들어갈 말로 알맞은 것은?

- My _____ is my positive attitude.
- I didn't have the _____ to stand up.

① myth   ② concern
③ version   ④ strength
⑤ weakness

16 영영 풀이에 해당하지 <u>않는</u> 단어는?

ⓐ the act of asking for something
ⓑ all the people who are about the same age
ⓒ a piece of writing in a magazine or newspaper
ⓓ a film or television program giving facts about something

① craft   ② article
③ request   ④ generation
⑤ documentary

17 밑줄 친 부분을 바르게 고쳐 쓰시오.

The air <u>quantity</u> in your house may be worse than outside.

➡ _____

18 글의 빈칸에 들어갈 말로 가장 알맞은 것은?

Calligraphy is not new. Many different kinds of calligraphy works from long ago can be found all around the world. Look at the two examples from Korea and the UK below. Can you tell the difference? The left one was created by Chusa in the _____ of the Joseon Dynasty. The characters were painted with a soft brush.

① task   ② value   ③ period
④ accident   ⑤ anniversary

19 글의 빈칸에 공통으로 알맞은 말은?

Welcome to the Korean Culture Festival in Melbourne, Australia. Ms. Jan Coveney is showing people her works of art. She is Australian. When she was in Korea, she was interested in Korean *hanji* paper _____. She has worked with *hanji* paper _____ for about 20 years. She teaches many people how to make *hanji* paper _____.
"I think Korean art is wonderful."

① draft   ② craft   ③ spice
④ industry   ⑤ document

어휘

영어전략

중학 2

BOOK 2

이 책의 구성과 활용

이 책은 3권으로 이루어져 있는데
본책인 BOOK1, 2의 구성은 아래와 같아.

주 도입

재미있는 만화를 통해 한 주 동안 학습할 내용이 무엇
인지 미리 살펴봅니다.

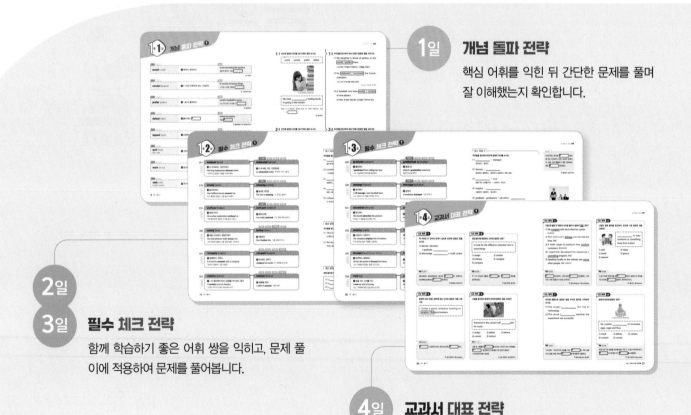

1일
개념 돌파 전략
핵심 어휘를 익힌 뒤 간단한 문제를 풀며
잘 이해했는지 확인합니다.

2일
3일
필수 체크 전략
함께 학습하기 좋은 어휘 쌍을 익히고, 문제 풀
이에 적용하여 문제를 풀어봅니다.

4일
교과서 대표 전략
내신 기출 문제의 대표 유형을 풀어 보며 실제 학교 시험
유형을 익힙니다.

부록 시험에 잘 나오는 개념 BOOK

부록은 뜯어서 미니북으로 활용하세요!
시험 전에 개념을 확실하게 짚어 주세요.

주 마무리와 권 마무리의 특별 코너들로
영어 실력이 더 탄탄해질 거야!

주 마무리 코너

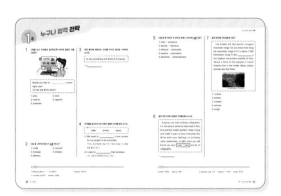

누구나 합격 전략

쉬운 문제를 풀며 앞서 학습한 내용을 정리하고 학습
자신감을 높입니다.

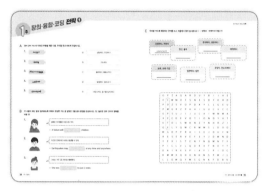

창의·융합·코딩 전략

융복합적 사고력과 문제 해결력을 키울 수 있는 재미
있는 문제를 풀며 한 주의 학습을 마무리합니다.

권 마무리 코너

마무리 전략

2주 동안 학습한 내용을 한눈에 정리하며 어휘를 총정리
합니다.

신유형·신경향·서술형 전략

새로운 유형의 다양한 서술형 문제를 풀며 문제
풀이 실력을 키웁니다.

적중 예상 전략

예상 문제를 풀며 실제 학교 시험에
대비합니다.

이 책의 차례

동사 2

😊 그림을 보고, 단어의 의미를 추측해 보세요.

❶ remove 제거하다

❷ manage 관리하다

❸ indicate 나타내다, 가리키다

❹ praise 칭찬하다

001 ☐☐☐

avoid [əvɔ́id] · 동 피하다, 회피하다

Quiz

avoid answering the question

질문에 답하는 것을 ☐☐☐☐

답 피하다

002 ☐☐☐

consist [kənsíst] · 동 (~으로) 이루어져 있다, 구성하다

Quiz

It **consists** of various things.

그것은 다양한 것들로 ☐☐☐☐.

답 이루어져 있다

003 ☐☐☐

prefer [prifə́:r] · 동 ~을 더 좋아하다

Quiz

I **prefer** baseball to soccer.

나는 축구보다 야구를 더 ☐☐☐☐.

답 좋아한다

004 ☐☐☐

defeat [difí:t] · 동 물리치다, ❶ ☐☐☐

Quiz

defeat the enemy

적을 ❷ ☐☐☐

답 ❶ 패배시키다 ❷ 물리치다

005 ☐☐☐

appeal [əpí:l] · 동 간청하다, ❶ ☐☐☐

Quiz

appeal to the government for help

정부에 도움을 ❷ ☐☐☐

답 ❶ 호소하다 ❷ 간청하다

006 ☐☐☐

quit [kwit] · 동 그만두다
[quit - quit]

Quiz

I will **quit** my job.

나는 내 일을 ☐☐☐☐ 것이다.

답 그만둘

007 ☐☐☐

warn [wɔ:rn] · 동 경고하다

Quiz

warn others of the fire

화재에 대해 다른 사람들에게 ☐☐☐☐

답 경고하다

008 ☐☐☐

seek [si:k] · 동 추구하다, 찾다, 모색하다
[sought - sought]

Quiz

We need to **seek** another route.

우리는 다른 길을 ☐☐☐☐ 필요가 있다.

답 찾을

1-1 빈칸에 알맞은 단어를 〈보기〉에서 골라 쓰시오.

┌ 보기 ┐
avoid   consist   prefer   defeat

© Lucky Business / Shutterstock

My sister _____s reading books to going to the movies.

해석 | 나의 여동생은 영화를 보러 가는 것보다 책을 읽는 것을 더 [   ].

📋 좋아한다

1-2 우리말을 참고하여 네모 안에서 알맞은 말을 고르시오.

(1) My daughter is afraid of spiders, so she avoids / prefers them.

나의 딸은 거미를 무서워해서, 그것들을 피한다.

(2) He defeated / consisted the former champion.

그는 이전 우승자를 패배시켰다.

*former 이전의, 과거의

(3) In baseball, one team avoids / consists of nine players.

야구에서, 한 팀은 아홉 명의 선수들로 이루어져 있다.

2-1 빈칸에 알맞은 단어를 〈보기〉에서 골라 쓰시오.

┌ 보기 ┐
appeal   quit   warn   seek

A teacher _____s us not to run.

해석 | 선생님은 우리에게 뛰지 말라고 [   ].

📋 경고하신다

2-2 우리말을 참고하여 네모 안에서 알맞은 말을 고르시오.

(1) He quit / warned exercising because of injuries.

그는 부상 때문에 운동을 그만두었다.

*injury 부상

(2) We should appeal / seek to people to vote.

우리는 사람들에게 투표를 호소해야 한다.

(3) We are seeking / warning new ways to increase our income.

우리는 수입을 늘리기 위한 새로운 방안을 모색 중이다.

*income 수입

009 □□□

admire [ædmáiər]

(동) 감탄하다, 존경하다

Quiz

I **admire** you.

나는 너를 [   ].

(답) 존경한다

010 □□□

glance [glæns]

(동) 흘긋 보다, ❶ [   ]

Quiz

I **glanced** at his new watch.

나는 그의 새 시계를 ❷ [   ].

(답) ❶ 대충 훑어보다 ❷ 흘긋 보았다

011 □□□

occur [əkə́:r]

(동) 발생하다, 일어나다

Quiz

The accident **occur**red yesterday.

그 사고는 어제 [   ].

(답) 발생했다

012 □□□

remove [rimúːv]

(동) 없애다, ❶ [   ]

Quiz

remove the posters on the wall

벽에 있는 포스터들을 ❷ [   ]

(답) ❶ 제거하다 ❷ 없애다

013 □□□

assign [əsáin]

(동) 할당하다, ❶ [   ]

Quiz

assign tasks to members

팀원들에게 할 일을 ❷ [   ]

(답) ❶ 배정하다 ❷ 할당하다

014 □□□

instruct [instrʌ́kt]

(동) 지시하다, ❶ [   ]

Quiz

She **instruct**ed him to read a poem.

그녀는 그에게 시를 읽으라고 ❷ [   ].

(답) ❶ 교육하다 ❷ 지시했다

015 □□□

indicate [índikèit]

(동) 나타내다, ❶ [   ]

Quiz

The data clearly **indicates** a problem.

그 자료는 문제를 명확하게 ❷ [   ].

(답) ❶ 가리키다 ❷ 나타낸다

016 □□□

repay [ripéi]
[repaid - repaid]

(동) 갚다, 보답하다

Quiz

You have to **repay** the money quickly.

너는 돈을 빨리 [   ] 한다.

(답) 갚아야

3-1 빈칸에 알맞은 단어를 〈보기〉에서 골라 쓰시오.

┌ 보기 ┐
admire   glance   occur   remove

The water purifier _____s bacteria from the water.

해석 | 정수기는 물에 있는 박테리아를 [   ].

🔑 제거한다

*purifier 정화 장치

3-2 우리말을 참고하여 네모 안에서 알맞은 말을 고르시오.

(1) She | glanced / admired | through a news report on the way to the office.

그녀는 사무실로 가는 길에 뉴스를 대충 훑어보았다.

(2) Physical changes naturally | remove / occur | as time goes on.

신체적인 변화는 시간이 지남에 따라 자연스럽게 발생한다.

*physical 신체적인

(3) Many readers | admired / removed | his new book.

많은 독자들이 그의 새로운 책에 감탄했다.

4-1 빈칸에 알맞은 단어를 〈보기〉에서 골라 쓰시오.

┌ 보기 ┐
assign   instruct   indicate   repay

A teacher has to _____ each student a partner.

해석 | 선생님은 각 학생에게 짝을 [   ] 한다.

🔑 배정해야

4-2 우리말을 참고하여 네모 안에서 알맞은 말을 고르시오.

(1) It | repays / indicates | the number of people who visited the museum.

그것은 박물관에 방문했던 사람들의 수를 나타낸다.

(2) I will | repay / assign | her with a priceless gift.

나는 그녀에게 귀중한 선물로 보답할 것이다.

*priceless 귀중한

(3) All children are | repaid / instructed | in first aid.

모든 어린이들은 응급 처치 요령을 교육받는다.

*first aid 응급 처치

A 영어를 우리말로 쓰기

1. prefer _____
2. quit _____
3. admire _____
4. remove _____
5. seek _____
6. repay _____
7. avoid _____
8. defeat _____
9. indicate _____
10. warn _____
11. occur _____
12. instruct _____
13. assign _____
14. glance _____
15. consist _____
16. appeal _____

B 우리말을 영어로 쓰기

1. 지시하다, 교육하다 _____
2. 추구하다, 찾다, 모색하다 _____
3. 물리치다, 패배시키다 _____
4. (~으로) 이루어져 있다, 구성하다 _____
5. ~을 더 좋아하다 _____
6. 감탄하다, 존경하다 _____
7. 경고하다 _____
8. 발생하다, 일어나다 _____
9. 나타내다, 가리키다 _____
10. 흘끗 보다, 대충 훑어보다 _____
11. 그만두다 _____
12. 할당하다, 배정하다 _____
13. 간청하다, 호소하다 _____
14. 피하다, 회피하다 _____
15. 갚다, 보답하다 _____
16. 없애다, 제거하다 _____

C 빈칸에 알맞은 단어 고르기

1.

Which city do you _____, Singapore or London?

© Iryna Rasko / Shutterstock

① consist   ② instruct   ③ prefer

2.

To _____ forgetting important events, I set a reminder on my phone.

© leungchopan / Shutterstock

① avoid   ② defeat   ③ quit

3.

While I was busy taking a photo, my friend was _____ the technique of an artwork.

© Comaniciu Dan / Shutterstock

① admiring   ② removing   ③ warning

city **❶** [____]
reminder 상기시켜 주는 것,
                 (핸드폰의) 알림 기능
technique 기법, 기술
artwork **❷** [____]

답 ❶ 도시 ❷ 예술 작품

D 영영 풀이에 해당하는 단어 고르기

1.

to request for people to do something in a particular way

① consist   ② appeal   ③ repay

2.

to show or make clear

① seek   ② admire   ③ indicate

3.

to tell someone to do something, especially in a formal way

① occur   ② instruct   ③ assign

request **❶** [____]
particular 특정한
formal **❷** [____]

답 ❶ 요청하다 ❷ 공식적인

파생어 반의어 유의어 혼동어

017

exhaust [igzɔ́:st]

동 다 써 버리다, 지치게 하다
Her long explanation **exhaust**s them.
그녀의 긴 설명은 그들을 지치게 한다.

exhausted [igzɔ́:stid]

형 다 써 버린, 지친, 기진맥진한
an **exhausted** worker 한 명의 지친 노동자

파생어 반의어 유의어 혼동어

018

amaze [əméiz]

동 놀라게 하다
Your brilliant answer **amaze**d me.
너의 훌륭한 답변은 나를 놀라게 했다.

amazing [əméiziŋ]

형 놀라운, 대단한
The view is **amazing**. 그 경치는 놀랍다.

파생어 반의어 유의어 혼동어

019

confuse [kənfjú:z]

동 혼란시키다
His unclear explanation **confuse**d us.
그의 불분명한 설명은 우리를 혼란시켰다.

confused [kənfjú:zd]

형 혼란스러운
I am really **confused**. 나는 정말 혼란스럽다.

파생어 반의어 **유의어** 혼동어

020

annoy [ənɔ́i]

동 짜증 나게 하다, 귀찮게 하다
His rude behavior really **annoy**s me.
그의 무례한 행동은 나를 정말 짜증 나게 한다.

bother [báðər]

동 괴롭히다
Don't **bother** him. 그를 괴롭히지 마.

파생어 반의어 유의어 **혼동어**

021

compete [kəmpí:t]

동 경쟁하다, 겨루다
It is hard to **compete** with a company.
회사와 경쟁하는 것은 어렵다.

compare [kəmpɛ́ər]

동 비교하다, 견주다
compare two results 두 결과를 비교하다

파생어 반의어 유의어 **혼동어**

022

contain [kəntéin]

동 ~이 함유되어 있다, (감정을) 억누르다, 참다
It **contain**s a lot of vitamins.
그것은 비타민이 많이 함유되어 있다.

content [kántent]

명 내용(물), 목차
a table of **content**s 내용 목록

필수 예제 1

우리말을 참고하여 빈칸에 알맞은 단어를 쓰시오.

(1) ＿＿＿＿＿＿ – amazing

　　놀라게 하다 – 놀라운, 대단한

(2) contain – ＿＿＿＿＿＿

　　~이 함유되어 있다, (감정을) 억누르다, 참다 – 내용(물), 목차

(3) ＿＿＿＿＿＿ – compare

　　경쟁하다, 겨루다 – 비교하다, 견주다

(4) ＿＿＿＿＿＿ – bother

　　짜증 나게 하다, 귀찮게 하다 – 괴롭히다

(5) exhaust : exhausted = confuse : ＿＿＿＿＿＿

　　다 써 버리다, 지치게 하다 : 다 써 버린, 지친, 기진맥진한 = 혼란시키다 : 혼란스러운

© pathdoc / Shutterstock

확인 문제 1-1

우리말을 참고하여 밑줄 친 표현이 맞으면 ○, 틀리면 ×에 표시하시오.

(1) This book's <u>content</u> is useful for children. (○ / ×)

　　이 책의 내용은 어린이들에게 유용하다.

(2) We should <u>compete</u> two options before the decision. (○ / ×)

　　우리는 결정 전에 두 가지 선택지를 비교해야 한다.

Words
useful 유용한
option 선택할 수 있는 것, 선택지
decision 결정, 결심

© Billion Photos / Shutterstock

확인 문제 1-2

영영 풀이에 해당하는 단어를 주어진 철자로 시작하여 쓰시오.

(1) e＿＿＿＿＿ : to make someone very tired

(2) a＿＿＿＿＿ : to make someone angry or uncomfortable

(3) c＿＿＿＿＿ : to make something difficult to understand

Words
uncomfortable 불편한
understand 이해하다

023 counsel [káunsəl]

⬜ ⬜ ⬜

图 상담하다, 조언하다
His job is to **counsel** students.
그의 일은 학생들을 상담하는 것이다.

파생어 | 반의어 | 유의어 | 혼동어

counselor [káunsələr]

영 상담역, 고문, 카운슬러, 지도 교사
She is a good **counselor** for everyone.
그녀는 모두에게 좋은 상담역이다.

---

024 educate [édʒukèit]

⬜ ⬜ ⬜

图 가르치다, 교육하다
educate children about honesty
아이들에게 정직함에 대해 가르치다

파생어 | 반의어 | 유의어 | 혼동어

education [èdʒukéiʃən]

영 교육, 교육 기관
public **education** 공교육

---

025 deliver [dilívər]

⬜ ⬜ ⬜

图 배달하다
She will **deliver** a book tomorrow.
그녀는 내일 책을 배달할 것이다.

파생어 | 반의어 | 유의어 | 혼동어

delivery [dilívəri]

영 배달, 전달
take **delivery** of a new car
새로운 자동차 배달을 받다

---

026 discourage [diskə́:ridʒ]

⬜ ⬜ ⬜

图 낙담시키다, 용기를 잃게 하다
His words **discourage**d me.
그의 말은 나를 낙담시켰다.

파생어 | 반의어 | 유의어 | 혼동어

encourage [inkə́:ridʒ]

图 격려하다, 용기를 북돋우다
encourage students to study hard
학생들이 열심히 공부하도록 격려하다

---

027 insert [insə́:rt]

⬜ ⬜ ⬜

图 끼워 넣다
Please **insert** your coin in the slot.
구멍에 동전을 끼워 넣어 주세요.
*slot: (특히 자동판매기 등의) 동전 투입구

파생어 | 반의어 | 유의어 | 혼동어

insult [insʌ́lt]

图 모욕하다, 창피 주다
insult my friends 나의 친구들을 모욕하다

---

028 cure [kjuər]

⬜ ⬜ ⬜

图 치료하다, 치유하다
Most diseases can be **cure**d.
대부분 질병은 치유될 수 있다.

파생어 | 반의어 | 유의어 | 혼동어

care [kɛər]

图 관심을 가지다, 걱정하다 영 돌봄, 주의
I really **care** about the environment.
나는 환경에 정말 관심이 있다.

필수 예제 2

우리말을 참고하여 빈칸에 알맞은 단어를 쓰시오.

(1) _____ − insult

끼워 넣다 − 모욕하다, 창피 주다

(2) discourage − _____

낙담시키다, 용기를 잃게 하다 − 격려하다, 용기를 북돋우다

(3) _____ − care

치료하다, 치유하다 − 관심을 가지다, 걱정하다; 돌봄, 주의

(4) educate − _____

가르치다, 교육하다 − 교육, 교육 기관

(5) counsel : counselor = deliver : _____

상담하다, 조언하다 : 상담역, 고문, 카운슬러, 지도 교사 = 배달하다 : 배달, 전달

Guide

(1)과 (3)은 서로 혼동하기 쉬운 단어이며, (2)는 [❶] 관계에 있는 단어이다. (4)와 (5)는 동사와 [❷] 관계에 있는 단어이다.

답 ❶반의어 ❷명사

© comzeal images / Shutterstock

확인 문제 2-1

우리말을 참고하여 밑줄 친 표현이 맞으면 ○, 틀리면 ×에 표시하시오.

(1) Insult your card to begin your work. (○ / ×)

일을 시작하려면 너의 카드를 끼워 넣어라.

(2) She does not care about other people. (○ / ×)

그녀는 다른 사람들을 신경 쓰지 않는다.

Words
begin 시작하다
work 일

© wavebreakmedia / Shutterstock

확인 문제 2-2

영영 풀이에 해당하는 단어를 주어진 철자로 시작하여 쓰시오.

(1) d_____ : to make someone feel less sure
(2) c_____ : to give someone help with their problems
(3) d_____ : to take something to a specific place

Words
sure 확신하는
specific 특정한

1 다음 중 나머지와 품사가 <u>다른</u> 하나는?

① amaze   ② confuse   ③ contain

④ discourage   ⑤ education

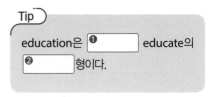

Tip

education은 ❶ [　　　] educate의 ❷ [　　　] 형이다.

답 ❶ 동사 ❷ 명사

2 그림을 보고 네모 안에서 알맞은 표현을 고르시오.

I expect that I'll take | delivery / content | of my new clothing tomorrow.

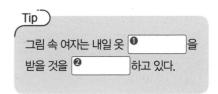

Tip

그림 속 여자는 내일 옷 ❶ [　　　] 을 받을 것을 ❷ [　　　] 하고 있다.

답 ❶ 배달 ❷ 예상

Words

expect 예상하다

3 문장의 밑줄 친 부분과 의미가 가장 유사한 것은?

Singing until late at night may <u>annoy</u> your neighbors.

① bother   ② compete   ③ counsel

④ exhaust   ⑤ encourage

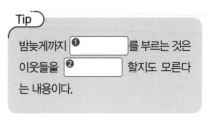

Tip

밤늦게까지 ❶ [　　　] 를 부르는 것은 이웃들을 ❷ [　　　] 할지도 모른다는 내용이다.

답 ❶ 노래 ❷ 짜증 나게

>> 정답과 해설 **27쪽**

4 우리말을 영어로 바르게 옮긴 학생은?

> 그녀는 사회 문제에 관심이 있다.

① She cares about social problems.

② She cures about social problems.

③ She careful about social problems.

④ She confuses about social problems.

⑤ She compares about social problems.

Tip

'❶   '라는 의미의 동사는 care 이며, careful은 ❷   의 형용 사형으로 '주의 깊은'이라는 의미이다.

답 ❶ 관심을 가지다 ❷ care

---

5 그림을 보고 〈보기〉에서 알맞은 단어를 골라 밑줄 친 부분을 바르게 고쳐 쓰시오.

┌ 보기 ┐
exhaust   counsel   contain   deliver

He <u>inserted</u> her on how to get along with friends.

➡ ＿＿＿＿＿＿＿＿

Tip

그림 속 선생님은 학생에게 ❶   들과 어떻게 잘 어울릴 수 있는지에 대해 ❷   하고 있다.

답 ❶ 친구 ❷ 조언

Words
get along with ～와 잘 지내다

029 graduate [grǽdʒuèit]

파생어 | 반의어 | 유의어 | 혼동어

graduation [grǽdʒuéiʃən]

⟨동⟩ 졸업하다
I **graduate**d from college last year.
나는 지난해에 대학교를 졸업했다.

⟨명⟩ 졸업(식)
attend a **graduation** ceremony
졸업식에 참석하다

---

030 manage [mǽnidʒ]

파생어 | 반의어 | 유의어 | 혼동어

manager [mǽnidʒər]

⟨동⟩ 관리하다
I will **manage** a new baseball team.
나는 새로운 야구팀을 관리할 것이다.

⟨명⟩ 관리자
a bookstore **manager** 서점 관리자

---

031 advertise [ǽdvərtàiz]

파생어 | 반의어 | 유의어 | 혼동어

advertisement [ædvərtáizmənt]

⟨동⟩ 광고하다
We should **advertise** this product.
우리는 이 제품을 광고해야 한다.

⟨명⟩ 광고
an effective **advertisement** 효과적인 광고

---

032 employ [implɔ́i]

파생어 | 반의어 | 유의어 | 혼동어

fire [faiər]

⟨동⟩ 고용하다, 이용하다
Our company **employ**s lots of workers.
우리 회사는 많은 직원을 고용한다.

⟨동⟩ 해고하다
We **fire**d him for his irresponsibility.
그의 무책임함 때문에 우리는 그를 해고했다.

---

033 foresee [fɔːrsíː] [foresaw - foreseen]

파생어 | 반의어 | 유의어 | 혼동어

forecast [fɔ́ːrkæst]

⟨동⟩ 예견하다, 예측하다
He has the power to **foresee** the future.
그는 미래를 예견하는 힘을 갖고 있다.

⟨동⟩ 예측하다, 예상하다 ⟨명⟩ 예측, 예보
the weather **forecast** 일기 예보

---

034 owe [ou]

파생어 | 반의어 | 유의어 | 혼동어

own [oun]

⟨동⟩ 빚을 지다, 신세를 지다
I **owe** her a lot of money.
나는 그녀에게 많은 돈을 빚지고 있다.

⟨동⟩ 소유하다 ⟨형⟩ 자신의
My grandpa **own**s a big farm.
나의 할아버지께서는 큰 농장을 소유하고 계신다.

필수 예제 3

우리말을 참고하여 빈칸에 알맞은 단어를 쓰시오.

(1) _____ – manager

관리하다 – 관리자

(2) foresee – _____

예견하다, 예측하다 – 예측하다, 예상하다; 예측, 예보

(3) _____ – own

빚을 지다, 신세를 지다 – 소유하다; 자신의

(4) employ – _____

고용하다, 이용하다 – 해고하다

(5) graduate : graduation = advertise : _____

졸업하다 : 졸업(식) = 광고하다 : 광고

Guide

(1)과 (5)는 동사와 [❶] _____ 관계에 있는 단어이다. (2)는 유의어 관계이고, (3)은 서로 혼동하기 쉬운 단어이며, (4)는 [❷] _____ 관계이다.

답 ❶ 명사 ❷ 반의어

© Getty Images Korea

확인 문제 3-1

우리말을 참고하여 밑줄 친 표현이 맞으면 ○, 틀리면 ×에 표시하시오.

(1) You should open your <u>owe</u> restaurant! (○ / ×)

너는 너의 식당을 열어야 한다!

(2) She <u>foresees</u> that the price of vegetables will rise. (○ / ×)

그녀는 채소의 가격이 오를 것이라고 예측한다.

Words
rise(rose – risen) 오르다

© foamfoto / Shutterstock

확인 문제 3-2

영영 풀이에 해당하는 단어를 주어진 철자로 시작하여 쓰시오.

(1) f_____ : to make somebody leave their job
(2) m_____ : a person who controls someone or something
(3) a_____ : to make something known widely to sell it

Words
leave 떠나다
control 통제하다
widely 널리

035 reserve [rizə́:rv]

파생어 | 반의어 | 유의어 | 혼동어

reservation [rèzərvéiʃən]

통 예약하다
I've already **reserve**d two seats.
나는 이미 두 자리를 예약했다.

명 예약
make a **reservation** 예약을 하다

036 operate [ápərèit]

파생어 | 반의어 | 유의어 | 혼동어

operation [àpəréiʃən]

통 운용하다, 작동하다, 수술하다
operate a business in a company
회사에서 사업을 운용하다

명 운용, 작동, 수술
a successful **operation** 성공적인 수술

037 devote [divóut]

파생어 | 반의어 | 유의어 | 혼동어

devotion [divóuʃən]

통 (시간, 재산, 노력 등을) 바치다, 헌신하다
He **devote**d his life to his career.
그는 일하는 데 그의 삶을 헌신했다.

명 헌신, 몰두
her **devotion** to family 가족에 대한 그녀의 헌신

038 exist [igzíst]

파생어 | 반의어 | 유의어 | 혼동어

existence [igzístəns]

통 존재하다, 생존하다
Dinosaurs don't **exist** anymore.
공룡들은 더 이상 존재하지 않는다.

명 존재, 실재
I believe in the **existence** of ghosts.
나는 귀신의 존재를 믿는다.

039 scold [skould]

파생어 | 반의어 | 유의어 | 혼동어

praise [preiz]

통 꾸짖다, 잔소리하다
He **scold**ed them for breaking the door.
그는 문을 부순 것에 대해 그들을 꾸짖었다.

통 칭찬하다 명 칭찬
praise her style 그녀의 스타일을 칭찬하다

040 pray [prei]

파생어 | 반의어 | 유의어 | 혼동어

prey [prei]

통 기도하다
All of them **pray**ed for peace.
그들 모두가 평화를 위해 기도했다.

명 먹이, 희생자
catch the **prey** 먹이를 잡다

필수 예제 4

우리말을 참고하여 빈칸에 알맞은 단어를 쓰시오.

(1) _____ – operation

　　운용하다, 작동하다, 수술하다 – 운용, 작동, 수술

(2) exist – _____

　　존재하다, 생존하다 – 존재, 실재

(3) pray – _____

　　기도하다 – 먹이, 희생자

(4) _____ – praise

　　꾸짖다, 잔소리하다 – 칭찬하다; 칭찬

(5) reserve : reservation = devote : _____

　　예약하다 : 예약 = (시간, 재산, 노력 등을) 바치다, 헌신하다 : 헌신, 몰두

Guide

(1), (2)와 (5)는 [❶ _____]와 명사 관계에 있는 단어이다. (3)은 서로 혼동하기 쉬운 단어이며, (4)는 [❷ _____] 관계이다.

🔑 ❶ 동사 ❷ 반의어

확인 문제 4-1

우리말을 참고하여 밑줄 친 표현이 맞으면 ○, 틀리면 ×에 표시하시오.

(1) She is afraid that her parents will <u>praise</u> her. (○ / ×)

　　그녀는 부모님이 그녀를 꾸짖을까 봐 두렵다.

(2) He <u>devoted</u> his youth to the independence movement. (○ / ×)

　　그는 그의 젊은 시절을 독립운동에 바쳤다.

Words
afraid 두려워하는
independence 독립
movement (정치적, 사회적) 운동

© antoniodiaz / Shutterstock

확인 문제 4-2

영영 풀이에 해당하는 단어를 주어진 철자로 시작하여 쓰시오.

> (1) e_____ : to be present in a place
> (2) p_____ : a living thing that is killed for food by another animal
> (3) r_____ : to request for something to be usable in the future

Words
present 있는
living thing 생명체
usable 이용 가능한

© through sam eyes / Shutterstock

1 다음 중 나머지와 품사가 다른 하나는?

① pray　　　　② scold　　　　③ devote

④ existence　　⑤ advertise

2 그림을 보고 네모 안에서 알맞은 표현을 고르시오.

It is important to [manage / operate] your health by exercising every day.

3 문장의 밑줄 친 부분과 의미가 가장 유사한 것은?

Experts forecast that new forms of cartoons will appear in the future.

① owe　　　　　② praise

③ reserve　　　　④ foresee

⑤ employ

4 우리말을 영어로 바르게 옮긴 학생은?

우리는 이번 TV쇼에서 담요를 광고할 것이다.

① We will reserve a blanket on this TV show.

② We will employ a blanket on this TV show.

③ We will advertise a blanket on this TV show.

④ We will graduate a blanket on this TV show.

⑤ We will advertisement a blanket on this TV show.

© Turn_around_around / Shutterstock

Tip
'광고하다'라는 의미의 동사는 ❶ [　　　　] 이며, '광고'라는 의미의 ❷ [　　　　] 는 advertisement이다.

답 ❶ advertise ❷ 명사

5 그림을 보고 〈보기〉에서 알맞은 단어를 골라 밑줄 친 부분을 바르게 고쳐 쓰시오.

| 보기 |
| foresee   operate   devote   scold |

I don't know how to <u>reserve</u> this new computer.

➡ _____

Tip
그림 속 여학생은 ❶ [　　　　] 를 어떻게 ❷ [　　　　] 해야 하는지 모르는 상황이다.

답 ❶ 컴퓨터 ❷ 작동

Words
how to 어떻게 ~해야 하는지

대표 예제 1

짝 지어진 두 단어의 관계가 같도록 빈칸에 알맞은 말을 쓰시오.

(1) devote : devotion

   = graduate : _____

(2) discourage : _____ = scold : praise

개념 Guide

devote와 devotion은 동사와 ❶[　　　]의 관계이고, scold와 praise는 ❷[　　　] 관계이다.

🔑 ❶ 명사 ❷ 반의어

대표 예제 2

영영 풀이에 해당하는 단어로 알맞은 것은?

> to look for the difference between two or more things

① assign   ② contain

③ indicate   ④ compete

⑤ compare

개념 Guide

두 가지 이상의 것들의 ❶[　　　]을 ❷[　　　] 행위를 생각해 본다.

🔑 ❶ 차이점 ❷ 찾는

대표 예제 3

문장의 네모 안에서 문맥에 맞는 단어로 알맞은 것을 고르시오.

> I know a good company looking to employ / fire good workers.

개념 Guide

'❶[　　　]', '이용하다'라는 의미의 단어는 ❷[　　　]이다.

🔑 ❶ 고용하다 ❷ employ

대표 예제 4

그림을 참고하여 문장의 빈칸에 알맞은 것을 고르면?

> Everyone in the concert hall _____(e)d his music.

① assign   ② defeat   ③ admire

④ consist   ⑤ instruct

개념 Guide

그림 속 사람들이 ❶[　　　]를 보내는 것으로 보아, 빈칸에는 '❷[　　　]', '존경하다'의 의미를 가진 단어가 알맞다.

• concert hall 공연장

🔑 ❶ 기립박수 ❷ 감탄하다

대표 예제 5

다음 중 밑줄 친 부분의 우리말 풀이가 알맞지 <u>않은</u> 것은?

① We <u>compete</u> with each other for a prize. (비교하다)

② That restaurant's <u>delivery</u> was too late last time. (배달)

③ A wide range of products may <u>confuse</u> customers. (혼란시키다)

④ I need this document for tomorrow's <u>counseling</u> program. (상담)

⑤ Speaking loudly on the subway may <u>annoy</u> other people. (짜증 나게 하다)

개념 Guide

❶ [   ] (비교하다, 견주다)와 ❷ [   ] (경쟁하다, 겨루다)는 서로 혼동하기 쉬운 단어이다.

🔑 ❶ compare ❷ compete

대표 예제 6

그림과 영영 풀이를 참고하여, 빈칸에 가장 알맞은 것을 고르면?

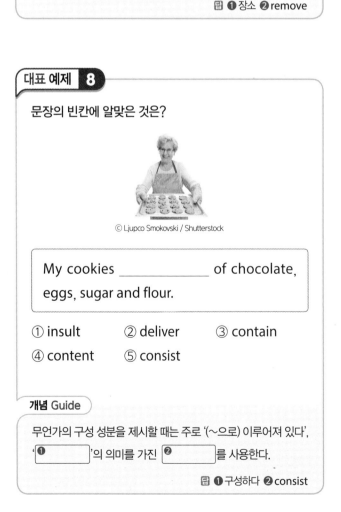

_____ : to take someone or something away from a place

① quit　　　　　② repay

③ avoid　　　　④ glance

⑤ remove

개념 Guide

'누군가 혹은 무언가를 한 ❶ [   ] 로부터 없애다'의 의미를 가진 단어는 ❷ [   ] (없애다, 제거하다)이다.

🔑 ❶ 장소 ❷ remove

대표 예제 7

빈칸에 공통으로 알맞은 말을 주어진 철자로 시작하여 쓰시오.

(1) The study i_____ the risk of technology.

(2) This result i_____ whether the experiment was successful.

개념 Guide

'나타내다', '가리키다'의 의미를 가진 ❶ [   ] 는 주로 설문 조사, 실험, 특정 자료의 ❷ [   ] 를 제시할 때 사용된다.

🔑 ❶ indicate ❷ 결과

대표 예제 8

문장의 빈칸에 알맞은 것은?

© Ljupco Smokovski / Shutterstock

My cookies _____ of chocolate, eggs, sugar and flour.

① insult　　　② deliver　　　③ contain

④ content　　⑤ consist

개념 Guide

무언가의 구성 성분을 제시할 때는 주로 '(~으로) 이루어져 있다', '❶ [   ] '의 의미를 가진 ❷ [   ] 를 사용한다.

🔑 ❶ 구성하다 ❷ consist

대표 예제 9

빈칸에 들어갈 알맞은 말을 〈보기〉에서 골라 쓰시오.

┌─ 보기 ┐
contain   insult   compare
└──────────────┘

(1) You should _____ this data with the previous data.

(2) The museum _____s a number of valuable paintings.

(3) If you _____ my parents one more time, I will never forgive you.

개념 Guide

'❶ [_____](비교하다, 견주다) A with B' 구문은 주로 A와 B 두 가지를 비교할 때 사용된다.

• forgive ❷ [_____]

답 ❶ compare ❷ 용서하다

대표 예제 10

동사에 -ion이나 -ment를 붙여 명사로 만들 때 형태가 다른 하나는?

① devote   ② educate
③ operate   ④ graduate
⑤ advertise

개념 Guide

동사 뒤에 -ion, -ment와 같은 접미사(suffix)를 붙여서 ❶ [_____]를 ❷ [_____]로 만들 수 있다.

답 ❶ 동사 ❷ 명사

대표 예제 11

대화의 빈칸에 들어갈 말로 가장 적절한 것은?

A: Why do you make a schedule?
B: It's because I want to _____ my time better.

① pray   ② contain
③ reserve   ④ manage
⑤ counsel

개념 Guide

❶ [_____] 관리를 더 잘하기 위해 ❷ [_____]를 만든다는 내용이다.

답 ❶ 시간 ❷ 계획표

대표 예제 12

빈칸에 공통으로 들어갈 말로 알맞은 것은?

• To _____ high costs, some people used cheap materials.
• You can _____ serious injuries by wearing a protective vest.

① cure   ② scold   ③ avoid
④ employ   ⑤ deliver

개념 Guide

방탄조끼는 ❶ [_____] 부상을 ❷ [_____] 데 도움을 준다.

• a protective vest 방탄조끼

답 ❶ 심각한 ❷ 피하는

대표 예제 13

영영 풀이를 참고하여 빈칸에 알맞은 것을 고르면?

> He has been _____(e)d as an editor for the past two years.
> (= to make someone work for you and pay him for it)

① fire
② pray
③ amaze
④ manage
⑤ employ

개념 Guide

'일하도록 하고 그것에 대해 그에게 대가를 지불하다'라는 의미를 가진 단어는 ❶[_____](고용하다, 이용하다)이다.

• editor ❷[_____]

圄 ❶ employ ❷ 편집자

대표 예제 14

문장의 빈칸에 알맞은 것은?

> Some visitors _____(e)d at the sculpture for only a few seconds.

① insult
② glance
③ bother
④ educate
⑤ exhaust

개념 Guide

무언가를 자세히 보지 않고 빠르게 훑어볼 때 주로 사용하는 단어는 ❶[_____]이다.

• sculpture 조각, ❷[_____]

圄 ❶ glance ❷ 조각품

대표 예제 15

우리말과 같은 뜻이 되도록 할 때, 어색한 단어를 찾아 고쳐 쓰시오.

> 나는 아이들에게 낯선 사람과 말하지 말라고 항상 경고한다.
> ➡ I always admire my children not to talk to strangers.
>
> _____ ➡ _____

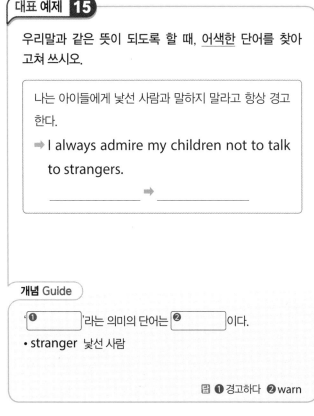

개념 Guide

'❶[_____]'라는 의미의 단어는 ❷[_____]이다.

• stranger 낯선 사람

圄 ❶ 경고하다 ❷ warn

대표 예제 16

주어진 단어의 영영 풀이를 완성할 때 빈칸에 들어갈 말로 가장 알맞은 것은?

> **defeat**: to _____ against somebody in a battle, fight, game, etc.

① win
② quit
③ seek
④ avoid
⑤ reserve

개념 Guide

'전투, 싸움, 게임 등에서 누군가에게 저항하여 ❶[_____]'라는 의미를 가진 단어는 **defeat**(물리치다, 패배시키다)이다.

• against ❷[_____]

圄 ❶ 이기다 ❷ ~에 저항하여

1 빈칸에 들어갈 수 <u>없는</u> 단어는?

> (1) My name was _____(e)d from the list.
> (2) What should we do to _____ these shoes effectively?
> (3) They are too young to clean the room on their _____.
> (4) She sometimes makes me angry, but we _____ for each other.

① own
② warn
③ care
④ remove
⑤ advertise

> **Tip**
> 타인에게 ❶[_____] 해야 하는 ❷[_____] 상황이 있는
> 지를 생각해 본다.
> 답 ❶ 경고 ❷ 위험한

Words effectively 효과적으로   each other 서로

2 다음 중 밑줄 친 단어의 쓰임이 가장 <u>어색한</u> 것은?

① The land is <u>owned</u> by the government.
② In movies, <u>amazing</u> things are possible.
③ A similar program <u>exists</u> in our center, too.
④ She <u>prefers</u> the piano version to the dance version.
⑤ He hopes more people <u>cure</u> about climate change.

> **Tip**
> climate change(❶[_____])가 ❷[_____]의 대상인
> 지 생각해 본다.
> 답 ❶ 기후 변화 ❷ 치료

Words possible 가능한   climate 기후

3 밑줄 친 단어의 영영 풀이로 알맞은 것은?

> My breakfast <u>consists</u> of a slice of bread and a cup of coffee.

① to be made of specific things
② to try to be better than others
③ to leave a job or school forever
④ to try to keep something bad from happening
⑤ to like something more than something else

> **Tip**
> ❶[_____] 식사가 어떤 음식으로 ❷[_____]되어 있는
> 지 생각해 본다.
> 답 ❶ 아침 ❷ 구성

Words breakfast 아침 식사   specific 특정한

4 우리말과 일치하도록 빈칸에 알맞은 말을 쓰시오.

(1) He _____(e)d his son, "Don't make me say that again."

그는 아들에게 "내가 그 말을 다시 하게 하지 마라."라고 경고했다.

(2) My manager thought that I was a spy and _____(e)d me.

나의 관리자는 내가 스파이라고 생각했고 나를 해고했다.

(3) He was the best among 300 students who _____(e)d last year.

그는 지난해에 졸업한 학생 300명 중에서 가장 우수한 학생이었다.

> **Tip**
>
> (3) ❶[　　　]이 정해진 과정을 마치고 ❷[　　　]를 받는 상황에 대해 생각해 본다.
>
> 圖 ❶ 학생 ❷ 학위

Words among ∼중에서

5 빈칸에 공통으로 들어갈 말은?

> • She was _____(e)d to work in a new department.
> • They _____(e)d me a seat near the door.

① assign
② admire
③ glance
④ bother
⑤ exhaust

> **Tip**
>
> 누군가에게 ❶[　　　]나 자리를 ❷[　　　] 상황에 대해 생각해 본다.
>
> 圖 ❶ 부서 ❷ 배정하는

Words department 부서

6 글의 빈칸에 가장 알맞은 것은?

> In 1830, after Joseph moved to a small town in Massachusetts, he began to face difficulties. Joseph looked different from other people: he had a long beard. People did not like it very much.
>
> The town's people _____(e)d the man with a beard. They did not want to sit next to him. They even whispered behind his back, "What is he trying to hide?"

① seek
② avoid
③ occur
④ appeal
⑤ instruct

> **Tip**
>
> 사람들이 ❶[　　　]을 가진 남자를 ❷[　　　] 않아서 어떻게 했을지 생각해 본다.
>
> 圖 ❶ 턱수염 ❷ 좋아하지

Words beard 턱수염　　whisper 속삭이다
hide 숨기다

1 그림을 보고 우리말과 일치하도록 빈칸에 알맞은 것을 고르면?

Would you like to _____ a room right now?

지금 바로 방을 예약하시겠어요?

① pray   ② exist

③ reserve   ④ operate

⑤ graduate

2 다음 중 나머지와 품사가 <u>다른</u> 하나는?

① scold   ② counsel

③ manage   ④ employ

⑤ delivery

3 영영 풀이에 해당하는 단어를 주어진 철자로 시작하여 쓰시오.

> to see something and think of its beauty

➡ a_____

4 우리말을 참고하여 〈보기〉에서 알맞은 단어를 골라 쓰시오.

┌ 보기 ┐

seek   annoy   repay

(1) We need to _____ a new system for our project to be successful.

우리는 프로젝트를 성공시키기 위해 새로운 시스템을 찾을 필요가 있다.

(2) I want to _____ their kindness.

나는 그들의 친절함에 보답하고 싶다.

Words

1 Would you like to ～? ～하시겠어요?

3 beauty 아름다움

4 successful 성공적인   kindness 친절함

5 다음 중 짝 지어진 두 단어의 관계가 나머지와 <u>다른</u> 것은?

① exist — existence

② devote — devotion

③ exhaust — exhausted

④ reserve — reservation

⑤ advertise — advertisement

6 글의 네모 안에서 알맞은 단어를 골라 쓰시오.

Anyone can start writing calligraphy. It's not easy to write by hand well at first, but practice makes perfect. Keep trying and make it part of your everyday life. Write with your feelings on birthday cards, bookmarks, or gifts. Soon you will build up your owe / own world of calligraphy.

➡ _____

7 글의 빈칸에 가장 알맞은 것은?

The Andes are the world's longest mountain range. Do you know how long the mountain range is? It is about 7,000 kilometers long! It also _____s the highest mountains outside of Asia. About a third of the people in South America live in the Andes. Many unique animals also live there.

© Christian Wilkinson / Shutterstock

① contain

② admire

③ content

④ remove

⑤ assign

Words

6 perfect 완벽한   build up 만들다   **7** mountain range 산맥   outside of ~이외에   unique 독특한

A 영어 단어 카드의 지워진 부분을 채운 다음, 우리말 뜻과 바르게 연결하시오.

1. occur   ⓐ 상담하다, 조언하다

2. pray   ⓑ 기도하다

3. discourage   ⓒ 물리치다, 패배시키다

4. defeat   ⓓ 발생하다, 일어나다

5. counsel   ⓔ 낙담시키다, 용기를 잃게 하다

B 각 사람이 하는 말과 일치하도록 위에서 완성한 카드 중 알맞은 것을 골라 문장을 완성하시오. (단, 필요한 경우 단어의 형태를 바꿀 것)

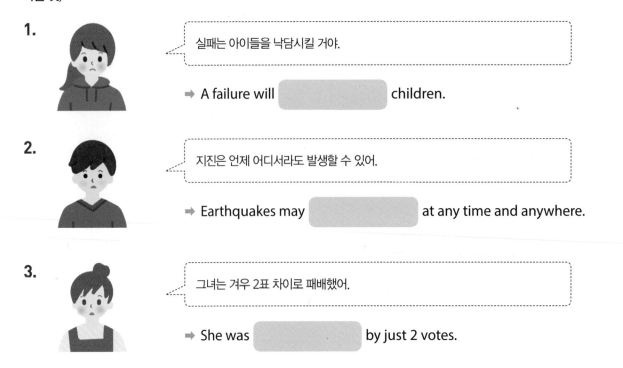

1. 실패는 아이들을 낙담시킬 거야.

   ➡ A failure will [   ] children.

2. 지진은 언제 어디서라도 발생할 수 있어.

   ➡ Earthquakes may [   ] at any time and anywhere.

3. 그녀는 겨우 2표 차이로 패배했어.

   ➡ She was [   ] by just 2 votes.

C 우리말 카드에 해당하는 단어를 쓰고, 퍼즐에서 찾아 표시하시오. (→ 방향과 ↓ 방향으로 찾을 것)

경쟁하다, 겨루다

compete

헌신, 몰두

존재하다, 생존하다

예약하다

교육, 교육 기관

칭찬하다; 칭찬

꾸짖다, 잔소리하다

O	P	Z	A	Q	A	R	D	U	Y	B	I	J	A	E
E	C	W	M	O	F	S	N	E	S	D	Y	O	R	D
P	O	Z	S	V	O	P	D	A	Y	L	L	G	E	U
P	M	G	R	Z	P	H	H	I	U	U	C	X	C	C
E	P	S	U	J	I	J	U	C	A	I	W	M	W	A
X	E	C	D	E	V	O	T	I	O	N	D	Y	U	T
U	T	O	L	S	W	H	N	Z	Y	N	H	R	Z	I
Q	E	L	Y	Q	W	C	R	M	M	S	L	D	O	O
W	G	D	P	P	R	A	I	S	E	J	D	U	F	N
R	E	S	E	R	V	E	F	S	Y	J	D	W	N	D
Y	E	X	I	S	T	E	N	Y	Q	W	N	T	F
P	I	C	L	V	L	Q	D	R	X	T	N	O	Y	T
D	A	I	R	X	S	P	I	A	F	I	P	I	O	C
H	M	W	X	Q	H	X	N	H	N	S	P	W	J	L
L	L	O	W	Q	Y	W	S	G	N	A	F	D	B	U

D 우리말을 참고하여 철자의 순서를 바르게 배열하시오.

1. _____ : 간청하다, 호소하다

a e p
l p a

2. _____ : 감탄하다, 존경하다

e d i
a m r

3. _____ : 괴롭히다

t e o
b h r

4. _____ : 그만두다

i u t q

5. _____ : 운용, 작동, 수술

o o t a e
p i r n

6. _____ : 지시하다, 교육하다

r i n u
t s t c

E 각 사람이 하는 말과 일치하도록 위에서 완성한 단어 중 알맞은 것을 골라 문장을 완성하시오. (단, 필요한 경우 단어의 형태를 바꿀 것)

1.

그녀는 인후염 때문에 노래 부르는 것을 그만두었다.

➡ She _____ singing because of a sore throat.

2.

경찰은 그 범죄에 대한 정보를 호소하고 있다.

➡ Police are _____ for information on the crime.

3.

그때 나의 상사는 나에게 회의에 참석하라고 지시했다.

➡ My boss _____ me to attend a meeting then.

F 퍼즐을 완성하시오.

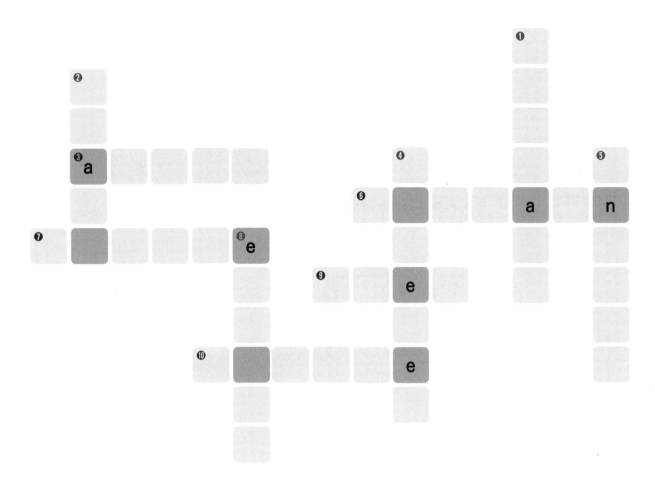

Across ▶

❸ _____ : 짜증 나게 하다, 귀찮게 하다

❻ to include something as a part

➡ _____

❼ _____ : (시간, 재산, 노력 등을) 바치다,
헌신하다

❾ to try to find something

➡ _____

❿ _____ : 흘끗 보다, 대충 훑어보다

Down ▼

❶ educate : education

= _____ : operation

❷ What _____(e)s me 나를 놀라게 한 것

❹ _____ the situation
상황을 예측하다

❺ to put something into a space

➡ _____

❽ He will _____ her as a new manager.
그는 그녀를 새로운 관리자로 고용할 것이다.

2주 형용사와 부사

😊 그림을 보고, 단어의 의미를 추측해 보세요.

❶ thrilling 오싹하게 하는, 짜릿한, 떨리는

❷ incredible 믿어지지 않는, 놀라운

❸ fresh 신선한, 새로운

❹ injured 상처를 입은, 다친

001 ☐☐☐

addicted [ədíktid]   휑 중독된

Quiz
You are **addicted** to chocolates.
너는 초콜릿에 [   ] 있다.

탑 중독되어

002 ☐☐☐

further [fə́ːrðər]   휌 (공간, 시간상으로) 더 멀리, (정도가) 더, 더욱더

Quiz
Go **further**.
[   ] 가라.

탑 더 멀리

003 ☐☐☐

ideal [aidíːəl]   휑 이상적인

Quiz
an **ideal** solution
[   ] 해결책

탑 이상적인

004 ☐☐☐

attractive [ətrǽktiv]   휑 끌어당기는, ❶ [   ]

Quiz
It was an **attractive** offer to me.
그것은 나에게 ❷ [   ] 제안이었다.

탑 ❶ 매력적인 ❷ 매력적인

005 ☐☐☐

thrilling [θríliŋ]   휑 오싹하게 하는, 짜릿한, 떨리는

Quiz
a **thrilling** experience
[   ] 경험

탑 짜릿한

006 ☐☐☐

scientific [sàiəntífik]   휑 과학적인

Quiz
a **scientific** theory
[   ] 이론

탑 과학적인

007 ☐☐☐

impressed [imprést]   휑 인상 깊게 생각하는, ❶ [   ]

Quiz
I was **impressed** by his movie.
나는 그의 영화에 ❷ [   ].

탑 ❶ 감동 받은 ❷ 감동 받았다

008 ☐☐☐

typical [típikəl]   휑 전형적인, ❶ [   ]

Quiz
He showed me a **typical** example.
그는 나에게 ❷ [   ] 예시를 보여 주었다.

탑 ❶ 일반적인 ❷ 일반적인

1-1 빈칸에 알맞은 단어를 〈보기〉에서 골라 쓰시오.

┌ 보기 ┐
addicted   further   ideal   attractive

Your new shoes are very _____.

해석 | 너의 새 신발은 매우 [   ]이다.

🔲 매력적

1-2 우리말을 참고하여 네모 안에서 알맞은 말을 고르시오.

(1) She is addicted / further to a soft drink.

그녀는 탄산음료에 중독되어 있다.

(2) The park is an ideal / attractive place for a walk.

그 공원은 산책하기에 이상적인 장소이다.

(3) I walked a little attractive / further .

나는 조금 더 걸었다.

2-1 빈칸에 알맞은 단어를 〈보기〉에서 골라 쓰시오.

┌ 보기 ┐
thrilling   scientific
impressed   typical

ⓒ Csaba Peterdi / Shutterstock

Our team won a _____ victory yesterday.

해석 | 우리 팀은 어제 [   ] 승리를 거두었다.

🔲 짜릿한

2-2 우리말을 참고하여 네모 안에서 알맞은 말을 고르시오.

(1) Do you have any scientific / typical proof?

너는 과학적인 증거가 있니?

*proof 증거

(2) We were thrilling / impressed by her passion.

우리는 그녀의 열정에 감동 받았다.

*passion 열정

(3) It was a thrilling / typical trick.

그것은 전형적인 속임수였다.

*trick 속임수

009 ☐☐☐

automatic [ɔ́ːtəmǽtik]

형 자동적인, ❶ ☐

Quiz

My reaction was **automatic**.
나의 반응은 ❷ ☐ 이었다.

답 ❶ 무의식적인 ❷ 무의식적

010 ☐☐☐

civil [sívəl]

형 시민의, 국가의, 국내의, 정중한, 예의 바른

Quiz

have the same **civil** rights
동등한 ☐ 권을 갖다

답 시민

011 ☐☐☐

due [djuː]

형 ~하기로 되어 있는, 예정된

Quiz

What time is the next bus **due**?
다음 버스는 몇 시에 ☐ 있니?

답 예정되어

012 ☐☐☐

official [əfíʃəl]

형 공식적인, ❶ ☐ 명 공무원, 심판원

Quiz

Bring me an **official** request.
나에게 ❷ ☐ 요청서를 가지고 와라.

답 ❶ 공무상의 ❷ 공식적인

013 ☐☐☐

voluntary [váləntèri]

형 자원봉사의, ❶ ☐

Quiz

I need your **voluntary** agreement.
저는 당신의 ❷ ☐ 동의가 필요합니다.

답 ❶ 자발적인 ❷ 자발적인

014 ☐☐☐

entire [intáiər]

형 전체의

Quiz

I read the **entire** book.
나는 책 ☐ 를 읽었다.

답 전체

015 ☐☐☐

brilliant [bríljənt]

형 빛나는, 훌륭한, ❶ ☐

Quiz

You are so **brilliant**!
너는 참 ❷ ☐ !

답 ❶ 뛰어난 ❷ 훌륭하다

016 ☐☐☐

noble [nóubl]

형 고귀한, 숭고한, 귀족의

Quiz

marry a man from a **noble** family
☐ 가문의 남자와 결혼하다

답 귀족

3-1 빈칸에 알맞은 단어를 〈보기〉에서 골라 쓰시오.

┌ 보기 ├
| automatic | civil | due | official |

For safety reasons, they don't use
_____ doors.

해석 | 안전상의 이유로 그들은 [   ] 문을 사용하지
않는다.

답 자동

4-1 빈칸에 알맞은 단어를 〈보기〉에서 골라 쓰시오.

┌ 보기 ├
| voluntary | entire | brilliant | noble |

The _____ house was destroyed
by the fire.

해석 | 집 [   ] 가 불에 의해 파괴되었다.

답 전체

3-2 우리말을 참고하여 네모 안에서 알맞은 말을 고르시오.

(1) I think his apology was civil / due .

나는 그의 사과가 정중했다고 생각한다.

*apology 사과

(2) It is an automatic / official record.

그것은 공식적인 기록이다.

*record 기록

(3) She is due / automatic to arrive at 7.

그녀는 7시에 도착할 예정이다.

4-2 우리말을 참고하여 네모 안에서 알맞은 말을 고르시오.

(1) The light bulb is a brilliant / noble
invention.

전구는 훌륭한 발명품이다.

*light bulb 전구

(2) A tiger is a noble / voluntary creature in
his country.

그의 나라에서 호랑이는 고귀한 생명체이다.

(3) I run a(n) entire / voluntary group to
help the poor.

나는 가난한 사람들을 돕기 위해 자원봉사 단체를 운영
한다.

*run 운영하다

A 영어를 우리말로 쓰기

1. scientific _____
2. civil _____
3. entire _____
4. further _____
5. noble _____
6. due _____
7. impressed _____
8. thrilling _____

9. addicted _____
10. typical _____
11. official _____
12. voluntary _____
13. brilliant _____
14. ideal _____
15. attractive _____
16. automatic _____

B 우리말을 영어로 쓰기

1. 이상적인 _____
2. 공식적인, 공무상의; 공무원, 심판원 _____
3. 인상 깊게 생각하는, 감동 받은 _____
4. 빛나는, 훌륭한, 뛰어난 _____
5. 끌어당기는, 매력적인 _____
6. 고귀한, 숭고한, 귀족의 _____
7. 자동적인, 무의식적인 _____
8. 오싹하게 하는, 짜릿한, 떨리는 _____

9. 시민의, 국가의, 국내의, 정중한, 예의 바른 _____
10. 전형적인, 일반적인 _____
11. 자원봉사의, 자발적인 _____
12. 중독된 _____
13. 전체의 _____
14. 과학적인 _____
15. (공간, 시간상으로) 더 멀리, (정도가) 더, 더욱더 _____
16. ~하기로 되어 있는, 예정된 _____

C 빈칸에 알맞은 단어 고르기

1.

Is my car not _____ enough?

① voluntary   ② attractive   ③ automatic

2.

I need a(n) _____ document to take an exam.
© Africa Studio / Shutterstock

① further   ② official   ③ impressed

3.

He is _____ to make a movie this year.
© Vereshchagin Dmitry / Shutterstock

① due   ② civil   ③ entire

document ❶ [_____]
take a(n) ❷ [_____] 시험에 응시하다

답 ❶ 문서 ❷ exam

D 영영 풀이에 해당하는 단어 고르기

1.

unable to stop doing something bad

① addicted   ② brilliant   ③ scientific

2.

admiring something very much because of its good skill

① entire   ② automatic   ③ impressed

3.

related to the ordinary people who live in a country

① civil   ② noble   ③ typical

unable ❶ [_____]
admire 감탄하다, 존경하다
related ❷ [_____]

답 ❶ ~할 수 없는 ❷ 관련된

| 파생어 | 반의어 | 유의어 | 혼동어 |

017 recent [ríːsnt]

형 최근의
It is different from a **recent** research.
그것은 최근의 연구와 다르다.

recently [ríːsntli]

부 최근에, 요즈음
a **recently** published magazine
최근에 출판된 잡지

| 파생어 | 반의어 | 유의어 | 혼동어 |

018 relative [rélətiv]

형 상대적인, 관련된
This information is **relative** to the topic.
이 정보는 그 주제와 관련되어 있다.

absolute [æbsəlùːt]

형 절대적인, 완전한
I have **absolute** trust in parents.
나는 부모님에 대한 절대적인 신뢰를 하고 있다.

| 파생어 | 반의어 | 유의어 | 혼동어 |

019 visible [vízəbl]

형 눈에 보이는
The mountain is **visible** from my home.
그 산은 우리 집에서 보인다.

invisible [invízəbl]

형 보이지 않는
A gas is **invisible**. 기체는 보이지 않는다.

| 파생어 | 반의어 | 유의어 | 혼동어 |

020 rotten [rátn]

형 썩은, 부패한, 상한
You shouldn't eat **rotten** eggs.
너는 상한 달걀을 먹으면 안 된다.

fresh [freʃ]

형 신선한, 새로운
He needs **fresh** ideas.
그는 새로운 생각이 필요하다.

idea
© Ekapong / Shutterstock

| 파생어 | 반의어 | 유의어 | 혼동어 |

021 injured [índʒərd]

형 상처를 입은, 다친
I will help **injured** soldiers.
나는 상처를 입은 병사들을 도울 것이다.

wounded [wúːndid]

형 상처를 입은, 다친
Please treat her **wounded** arm.
그녀의 다친 팔을 치료해 주세요.

| 파생어 | 반의어 | 유의어 | 혼동어 |

022 besides [bisáidz]

부 게다가, 또한
Besides, I needed the time to think.
게다가, 나는 생각할 시간이 필요했다.

beside [bisáid]

전 ~의 옆에
Sit down **beside** your teacher.
너의 선생님 옆에 앉아라.

필수 예제 1

우리말을 참고하여 빈칸에 알맞은 단어를 쓰시오.

(1) _____ – recently

　　최근의 – 최근에, 요즈음

(2) injured – _____

　　상처를 입은, 다친

(3) _____ – beside

　　게다가, 또한 – ~의 옆에

(4) ___ _____ – fresh

　　썩은, 부패한, 상한 – 신선한, 새로운

(5) relative : absolute = visible : _____

　　상대적인, 관련된 : 절대적인, 완전한 = 눈에 보이는 : 보이지 않는

Guide

(1)은 ❶ [　　　　]와 부사 관계에 있는 단어이고, (2)는 유의어, (3)은 서로 혼동하기 쉬운 단어이다. (4)와 (5)는 ❷ [　　] 관계에 있는 단어이다.

🔑 ❶ 형용사 ❷ 반의어

© happymay / Shutterstock

확인 문제 1-1

우리말을 참고하여 밑줄 친 표현이 맞으면 ○, 틀리면 ×에 표시하시오.

(1) My home will be newly built <u>besides</u> a river. (○ / ×)

　　우리 집은 강 옆에 새롭게 지어질 것이다.

(2) Let's go on a picnic and get some <u>fresh</u> air! (○ / ×)

　　소풍 가서 신선한 공기를 마시자!

Words

newly 새롭게
build(built-built) 짓다
go on a picnic 소풍 가다

© Soloviova Liudmyla / Shutterstock

확인 문제 1-2

영영 풀이에 해당하는 단어를 주어진 철자로 시작하여 쓰시오.

(1) v_____ : able to be seen

(2) r_____ : happening a short time ago

(3) r_____ : being considered in comparison with something else

Words

able ~할 수 있는
happen 발생하다
consider 고려하다
in comparison with ~와 비교하여

023 **technical** [téknikəl]
- 파생어 ▸ **technically** [téknikəli]

형 기술의, 과학 기술의
Our product has a **technical** problem.
우리 제품은 기술적인 문제가 있다.

부 기술적으로, 사실상, 엄밀히 말해
They are **technically** still children.
그들은 엄밀히 말해 아직 어린아이들이다.

024 **messy** [mési]
- 반의어 ▸ **tidy** [táidi]

형 지저분한, 엉망인
Your desk is so **messy**.
너의 책상은 너무 지저분하다.

형 깔끔한, 잘 정돈된
His room is always **tidy**.
그의 방은 항상 깔끔하다.

025 **backward** [bǽkwərd]
- 반의어 ▸ **forward** [fɔ́:rwərd]

부 뒤로, 뒤쪽으로
Take a step **backward**.
한 발 뒤로 가라.

부 앞으로, 앞쪽으로
She leaned **forward** to pick it up.
그녀는 그것을 집어 들기 위해 몸을 앞으로 숙였다.

026 **reasonable** [rí:zənəbl]
- 반의어 ▸ **unreasonable** [ʌ̀nrí:zənəbl]

형 합리적인, (가격이) 적정한
Its price is **reasonable**.
그것의 가격은 적정하다.

형 불합리한
Your request is **unreasonable**.
당신의 요청은 불합리합니다.

027 **relieved** [rilí:vd]
- 유의어 ▸ **relaxed** [rilǽkst]

형 안심한, 안도한
She was **relieved** that her son was safe.
그녀는 아들이 안전하다는 것에 안심하였다.

형 누그러진, 긴장을 푼
Make sure that your neck is **relaxed**.
목에 긴장을 풀어라.

028 **almost** [ɔ́:lmoust]
- 혼동어 ▸ **mostly** [móustli]

부 거의, 하마터면
I'm **almost** done.
나는 거의 다 했다.

부 대부분, 대개
They will **mostly** go together.
그들은 대부분 함께 갈 것이다.

필수 예제 2

우리말을 참고하여 빈칸에 알맞은 단어를 쓰시오.

(1) _____ – tidy

　　지저분한, 엉망인 – 깔끔한, 잘 정돈된

(2) relieved – _____

　　안심한, 안도한 – 누그러진, 긴장을 푼

(3) technical – _____

　　기술의, 과학 기술의 – 기술적으로, 사실상, 엄밀히 말해

(4) almost – _____

　　거의, 하마터면 – 대부분, 대개

(5) backward : forward = reasonable : _____

　　뒤로, 뒤쪽으로 : 앞으로, 앞쪽으로 = 합리적인, (가격이) 적정한 : 불합리한

Guide

(1)과 (5)의 단어는 [❶] _____ 관계에 있는 단어이고, (2)는 유의어이다.
(3)은 [❷] _____ 와 부사 관계에 있는 단어이며, (4)는 서로 혼동하기 쉬운 단어이다.

답 ❶ 반의어 ❷ 형용사

© asife / Shutterstock

확인 문제 2-1

우리말을 참고하여 밑줄 친 표현이 맞으면 ○, 틀리면 ×에 표시하시오.

(1) I spend my money playing a game <u>almost</u> every month. (○ / ×)

　　나는 거의 매달 게임에 돈을 소비한다.

(2) My children always made the house <u>tidy</u>. (○ / ×)

　　나의 아이들은 항상 집을 엉망으로 만들었다.

Words

spend 소비하다
always 항상

확인 문제 2-2

영영 풀이에 해당하는 단어를 주어진 철자로 시작하여 쓰시오.

(1) b_____ : towards a site that is behind

(2) r_____ : glad that something bad has not happened

(3) r_____ : acceptable in a particular situation

Words

towards ~쪽으로
glad 기쁜
acceptable 받아들일 수 있는
particular 특정한
situation 상황

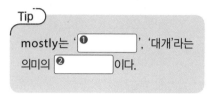

1 다음 중 나머지와 품사가 <u>다른</u> 하나는?

① messy   ② rotten   ③ mostly
④ technical   ⑤ unreasonable

Tip
mostly는 '❶ [   ]', '대개'라는
의미의 ❷ [   ]이다.

답 ❶ 대부분 ❷ 부사

2 그림을 보고 네모 안에서 알맞은 표현을 고르시오.

An Ambulance took a wounded / tidy firefighter to the hospital quickly.

Tip
그림 속 구급차는 ❶ [   ] 소방관을
❷ [   ]으로 데려가고 있다.

답 ❶ 다친 ❷ 병원

Words
ambulance 구급차
firefighter 소방관
quickly 빠르게

3 문장의 밑줄 친 부분과 의미가 가장 유사한 것은?

I was just <u>relieved</u> that there were no mistakes.

① fresh   ② recent   ③ relative
④ relaxed   ⑤ reasonable

Tip
❶ [   ]가 없어서 ❷ [   ]
는 내용이다.

답 ❶ 실수 ❷ 안심했다

4 우리말을 영어로 바르게 옮긴 학생은?

> 그 항공기는 구름 때문에 눈에 보이지 않는다.

①  The aircraft is not noble because of the clouds.

② The aircraft is not messy because of the clouds.

③ The aircraft is not injured because of the clouds.

④ The aircraft is not visible because of the clouds.

⑤ The aircraft is not invisible because of the clouds.

Tip

'❶   '이라는 의미의 형용사는 visible이며, invisible은 visible의 ❷   로, '보이지 않는'이라는 의미이다. 형용사 앞에 not이 들어가는 것에 유의해야 한다.

답 ❶ 눈에 보이는 ❷ 반의어

---

5 그림을 보고 〈보기〉에서 알맞은 단어를 골라 밑줄 친 부분을 바르게 고쳐 쓰시오.

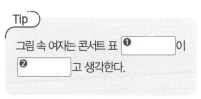

┌ 보기 ┐
rotten   relative   backward   unreasonable

I think the price of a concert ticket is <u>technical</u>.

➡ _____

Tip

그림 속 여자는 콘서트 표 ❶   이 ❷   고 생각한다.

답 ❶ 가격 ❷ 불합리하다

Words
price 가격

파생어 | 반의어 | 유의어 | 혼동어

029 rapid [rǽpid]

☐☐☐
형 빠른, 신속한, 민첩한
That plant's growth is very **rapid**.
그 식물의 성장은 매우 빠르다.

rapidly [rǽpidli]

부 빨리, 급속히
You should go to school **rapidly**.
너는 빨리 학교에 가야 한다.

파생어 | **반의어** | 유의어 | 혼동어

030 cruel [krúːəl]

☐☐☐
형 잔인한, 잔혹한, 무자비한
His judgment was **cruel**.
그의 판결은 무자비했다.

generous [ʤénərəs]

형 관대한, 너그러운, 후한
She is **generous** to her children.
그녀는 자신의 아이들에게 관대하다.

파생어 | **반의어** | 유의어 | 혼동어

031 rare [rɛər]

☐☐☐
형 희귀한, 드문
It is **rare** to see these birds in Korea.
한국에서 이 새들을 보는 것은 드물다.

common [kámən]

형 흔히 있는, 공통의, 보통의
We have a **common** hobby.
우리는 공통된 취미를 갖고 있다.

파생어 | **반의어** | 유의어 | 혼동어

032 minor [máinər]

☐☐☐
형 작은, 사소한
It is just a **minor** problem.
그것은 그저 작은 문제이다.

major [méiʤər]

형 큰 쪽의, 중요한
Our **major** issue is the environment.
우리의 중요한 쟁점은 환경이다.

파생어 | 반의어 | **유의어** | 혼동어

033 grateful [gréitfəl]

☐☐☐
형 감사하는, 고마워하는
I am **grateful** for your help.
도와주셔서 감사합니다.

thankful [θǽŋkfəl]

형 고맙게 생각하는, 감사하는
I felt **thankful** to you for giving me some food.
저는 당신이 저에게 음식을 주셔서 감사했습니다.

파생어 | 반의어 | 유의어 | **혼동어**

034 overall [óuvərɔ̀ːl]

☐☐☐
형 종합적인 부 전반적으로
The **overall** result is not so good.
종합적인 결과는 썩 좋지 않다.

overseas [òuvərsíːz]

형 해외의 부 외국으로
It was my first **overseas** trip.
그것은 나의 첫 번째 해외여행이었다.

© Getty Images Bank

필수 예제 3

우리말을 참고하여 빈칸에 알맞은 단어를 쓰시오.

(1) _____ – rapidly

빠른, 신속한, 민첩한 – 빨리, 급속히

(2) grateful – _____

감사하는, 고마워하는 – 고맙게 생각하는, 감사하는

(3) _____ – overseas

종합적인; 전반적으로 – 해외의; 외국으로

(4) minor – _____

작은, 사소한 – 큰 쪽의, 중요한

(5) cruel : generous = _____ : common

잔인한, 잔혹한, 무자비한 : 관대한, 너그러운, 후한 = 희귀한, 드문 : 흔히 있는, 공통의, 보통의

Guide

(1)은 형용사와 ❶ [ ] 관계에 있는 단어이다. (2)는 유의어, (3)은 서로 혼동하기 쉬운 단어이다. (4)와 (5)의 단어는 ❷ [ ] 관계이다.

답 ❶ 부사 ❷ 반의어

확인 문제 3-1

우리말을 참고하여 밑줄 친 표현이 맞으면 ○, 틀리면 ×에 표시하시오.

(1) Overall, the quality of this book is good. (○ / ×)

전반적으로, 이 책의 질은 좋다.

(2) This disease is very rare in children. (○ / ×)

이 질병은 아이들에게 매우 흔하다.

Words

quality 질, 품질, (사람의) 자질
disease 질병

확인 문제 3-2

영영 풀이에 해당하는 단어를 주어진 철자로 시작하여 쓰시오.

(1) c_____ : causing pain to people on purpose
(2) m_____ : not very important when compared with other things
(3) g_____ : feeling thanks that something good has happened or that something bad has not happened

Words

pain 고통
on purpose 고의로, 일부러
compare 비교하다, 견주다
happen 발생하다

035 **definite** [défənit]

☐☐☐

형 확실한, 분명한

Please give me a **definite** answer.

저에게 확실한 답을 주세요.

파생어 | 반의어 | 유의어 | 혼동어

definitely [défənitli]

부 확실히, 명확하게

It is **definitely** your fault.

그것은 확실히 너의 잘못이다.

---

036 **specific** [spisífik]

☐☐☐

형 구체적인

Your request needs to be more **specific**.

당신의 요청은 더 구체적일 필요가 있습니다.

파생어 | 반의어 | 유의어 | 혼동어

general [dʒénərəl]

형 일반적인, 사회 일반의

Let me know the **general** opinion.

나에게 일반적인 의견을 알려줘.

---

037 **legal** [líːgəl]

☐☐☐

형 법적인, 법률상의

Do you have any **legal** problems?

법적인 문제가 있으신가요?

파생어 | 반의어 | 유의어 | 혼동어

illegal [ilíːgəl]

형 불법의

The deal was **illegal**.

그 거래는 불법이었다.

---

038 **aware** [əwéər]

☐☐☐

형 알고 있는, 의식하고 있는

They are already **aware** of the issue.

그들은 이미 그 논쟁에 대해 알고 있다.

파생어 | 반의어 | 유의어 | 혼동어

unaware [ʌnəwéər]

형 알아채지 못하는, 의식하지 못하는

She was **unaware** of the danger.

그녀는 위험을 의식하지 못했다.

---

039 **incredible** [inkrédəbl]

☐☐☐

형 믿어지지 않는, 놀라운

It is an **incredible** story.

놀라운 이야기네요.

파생어 | 반의어 | 유의어 | 혼동어

unbelievable [ʌnbilíːvəbl]

형 믿을 수 없는

It is **unbelievable** that our trip is over already.

우리의 여행이 벌써 끝났다는 것을 믿을 수 없다.

---

040 **odd** [ɑd]

☐☐☐

형 이상한, 뜻밖의

His question was **odd**.

그의 질문은 이상했다.

파생어 | 반의어 | 유의어 | 혼동어

add [æd]

동 더하다, 덧붙여 말하다

Add all the numbers on the board.

칠판에 있는 숫자들을 모두 더해라.

필수 예제 4

우리말을 참고하여 빈칸에 알맞은 단어를 쓰시오.

(1) _____ – unbelievable

　믿어지지 않는, 놀라운 – 믿을 수 없는

(2) definite – _____

　확실한, 분명한 – 확실히, 명확하게

(3) specific – _____

　구체적인 – 일반적인, 사회 일반의

(4) _____ – add

　이상한, 뜻밖의 – 더하다, 덧붙여 말하다

(5) legal : illegal = aware : _____

　법적인, 법률상의 : 불법의 = 알고 있는, 의식하고 있는 : 알아채지 못하는, 의식하지 못하는

Guide

(1)은 유의어이고, (2)는 ❶ ⬚ 와 부사 관계에 있는 단어이다. (3)과 (5)의 단어는 ❷ ⬚ 관계이며, (4)의 단어는 서로 혼동하기 쉬운 단어이다.

답 ❶ 형용사 ❷ 반의어

© maxim ibragimov / Shutterstock

확인 문제 4-1

우리말을 참고하여 밑줄 친 표현이 맞으면 ○, 틀리면 ×에 표시하시오.

(1) It is really <u>unbelievable</u> that she broke the record. (○ / ×)

　그녀가 기록을 깼다는 것은 정말 믿기지 않는다.

(2) It is <u>legal</u> to ride a motorcycle without a helmet. (○ / ×)

　헬멧 없이 오토바이를 타는 것은 불법이다.

Words

break the record 기록을 깨다
motorcycle 오토바이

확인 문제 4-2

영영 풀이에 해당하는 단어를 주어진 철자로 시작하여 쓰시오.

(1) o_____ : strange or unexpected
(2) g_____ : affecting most people or situations
(3) u_____ : not realizing or not knowing something

Words

unexpected 뜻밖의
affect 영향을 미치다
situation 상황
realize 깨닫다

1 다음 중 나머지와 품사가 <u>다른</u> 하나는?

① odd　　　　② rapidly　　　　③ common
④ generous　　⑤ incredible

2 그림을 보고 네모 안에서 알맞은 표현을 고르시오.

Our organization is really | grateful / definite | for your donation.

Words
organization 기관, 단체
donation 기부

3 문장의 밑줄 친 부분과 의미가 가장 유사한 것은?

It is <u>incredible</u> that no one predicted the danger.

① general　　　② illegal
③ thankful　　　④ specific
⑤ unbelievable

Words
predict 예측하다

4 우리말을 영어로 바르게 옮긴 학생은?

> 나에게 책을 빌려주다니 그는 관대하다.

① It is cruel of him to lend me the book.

② It is rapid of him to lend me the book.

③ It is general of him to lend me the book.

④ It is generous of him to lend me the book.

⑤ It is reasonable of him to lend me the book.

© Turn_around_around / Shutterstock

Tip

'관대한', '너그러운', '후한'이라는 의미의
형용사는 **❶**_____이며, **❷**_____
은 '잔인한', '잔혹한', '무자비한'이라는
의미이다.

🔑 **❶** generous **❷** cruel

Words
lend 빌려주다

---

5 그림을 보고 〈보기〉에서 알맞은 단어를 골라 밑줄 친 부분을 바르게 고쳐 쓰시오.

보기			
add	rare	definite	overseas

> Our company has a lot of <u>overall</u> branches.

➡ _____

Tip

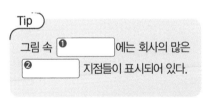

그림 속 **❶**_____에는 회사의 많은
❷_____ 지점들이 표시되어 있다.

🔑 **❶** 세계 지도 **❷** 해외

Words
branch 지점

대표 예제 1

짝 지어진 두 단어의 관계가 같도록 빈칸에 알맞은 말을 쓰시오.

(1) recent : recently = rapid : _____

(2) relative : _____ = legal : illegal

개념 Guide

recent와 recently는 ❶ [   ]와 부사의 관계이고, legal과 illegal은 ❷ [   ] 관계이다.

답 ❶ 형용사 ❷ 반의어

대표 예제 2

문장의 네모 안에서 문맥에 맞는 말을 고르시오.

It is [odd / add] that she didn't come to the party.

개념 Guide

❶ [   ]와 add는 서로 혼동하기 쉬운 단어로, add는 '더하다', '덧붙여 말하다'라는 의미의 ❷ [   ]이다.

답 ❶ odd ❷ 동사

대표 예제 3

영영 풀이에 해당하는 단어로 가장 알맞은 것은?

happening without an operation by a person

① ideal   ② visible

③ forward   ④ automatic

⑤ voluntary

개념 Guide

사람에 의한 ❶ [   ] 없이 ❷ [   ]하는 상황을 생각해 본다.

• happen 발생하다   • operation 작동

답 ❶ 작동 ❷ 발생

대표 예제 4

문장의 밑줄 친 부분과 의미가 가장 유사한 것은?

She is so seriously <u>injured</u> that she can't walk on her own.

① typical   ② thrilling

③ wounded   ④ technical

⑤ reasonable

개념 Guide

그녀가 너무 심하게 ❶ [   ] 혼자 ❷ [   ] 수 없다는 내용이다.

• seriously 심하게   • on one's own 혼자 힘으로

답 ❶ 다쳐서 ❷ 걸을

대표 예제 5

빈칸에 공통으로 알맞은 말을 주어진 철자로 시작하여 쓰시오.

(1) The o_____ winner donated the award to the charity.

(2) O_____, I think everyone did their best.

개념 Guide

'❶_____', '전반적으로'라는 의미의 ❷_____은 주로 전반적인 의견을 제시하거나 상황을 종합할 때 사용한다.

• donate 기부하다   • award 상, 상금
• charity 자선 단체

답 ❶ 종합적인 ❷ overall

대표 예제 6

그림과 영영 풀이를 참고하여, 빈칸에 알맞은 것을 고르면?

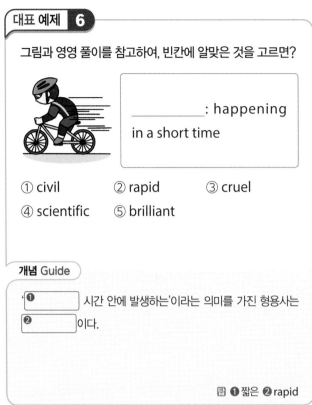

_____: happening in a short time

① civil   ② rapid   ③ cruel
④ scientific   ⑤ brilliant

개념 Guide

'❶_____ 시간 안에 발생하는'이라는 의미를 가진 형용사는 ❷_____이다.

답 ❶ 짧은 ❷ rapid

대표 예제 7

다음 중 밑줄 친 부분의 우리말 풀이로 알맞지 <u>않은</u> 것은?

① Happiness is <u>relative</u>. (상대적인)

② Make the gym <u>tidy</u> after use. (깔끔한)

③ Think about whether you ate something <u>rotten</u>. (상한)

④ My sister spent the <u>entire</u> vacation studying hard. (전체의)

⑤ It is a <u>rare</u> chance to see famous paintings for free. (흔한)

개념 Guide

❶_____는 '희귀한', '드문'이라는 의미이고, '흔히 있는', '공통의', '보통의'라는 의미의 형용사는 ❷_____이다.

• gym 체육관   • for free 무료로

답 ❶ rare ❷ common

대표 예제 8

그림을 보고 빈칸에 들어갈 말로 알맞은 것을 고르면?

It is _____ to enter this building without permission.

① illegal   ② unaware   ③ besides
④ invisible   ⑤ incredible

개념 Guide

❶_____에 위반되는 상황을 표현할 때는 주로 ❷_____ (불법의)을 사용한다.

• permission 허가, 허락

답 ❶ 법 ❷ illegal

대표 예제 9

빈칸에 들어갈 알맞은 말을 〈보기〉에서 골라 쓰시오.

┌─ 보기 ─────────────────────┐
│   addicted   thrilling   ideal   │
└──────────────────────────┘

(1) I expect that the next episode will be more
_____.

(2) I think my brother is _____ to his
smartphone.

(3) Using this device actively will be the most
_____ solution to the problem.

개념 Guide

'be ❶ _____ to'는 무언가에 중독된 상태를 표현할 때 쓰인다.

• device ❷ _____   • solution 해결책

🗝 ❶ addicted ❷ 장치

대표 예제 10

그림을 보고 빈칸에 들어갈 말로 알맞은 것을 고르면?

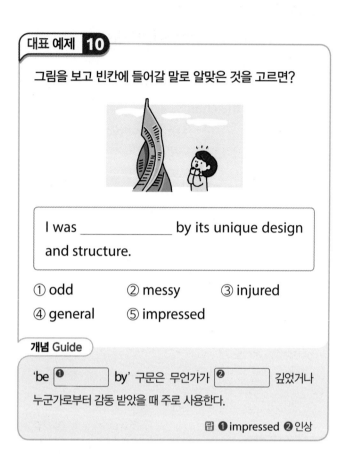

I was _____ by its unique design
and structure.

① odd   ② messy   ③ injured
④ general   ⑤ impressed

개념 Guide

'be ❶ _____ by' 구문은 무언가가 ❷ _____ 깊었거나
누군가로부터 감동 받았을 때 주로 사용한다.

🗝 ❶ impressed ❷ 인상

대표 예제 11

대화의 빈칸에 들어갈 말로 가장 알맞은 것은?

A: If you join the Green Garden Club, you
can eat _____ vegetables
every month. What do you think of it?
B: Great! I really like eating vegetables.

① civil   ② fresh   ③ official
④ technical   ⑤ relieved

개념 Guide

초록 정원 동아리에서는 매달 ❶ _____ 채소를 먹을 수 있다는
내용이다.

• vegetable ❷ _____

🗝 ❶ 신선한 ❷ 채소

대표 예제 12

빈칸에 공통으로 들어갈 말로 알맞은 것은?

• They made a _____ strategy to
escape the maze.
• My grandfather is one of the most
_____ sailors in the world.

① due   ② tidy   ③ major
④ almost   ⑤ brilliant

개념 Guide

'❶ _____'과 '뛰어난'이라는 의미의 단어를 생각해 본다.

• strategy 전략   • escape ❷ _____   • maze 미로
• sailor 선원, 항해사

🗝 ❶ 훌륭한 ❷ 탈출하다

대표 예제 13

영영 풀이를 참고하여 빈칸에 알맞은 것을 고르면?

This artwork is a _____ example of a Gothic style.
(= having all the qualities you expect a particular person, object, etc. to have)

① entire　　② typical　　③ relative
④ wounded　⑤ technical

개념 Guide

'특정한 사람, 사물 등이 갖고 있다고 예상하는 모든 특징을 가지고 있는'이라는 의미의 단어는 ❶ [____] 이다.
• Gothic ❷ [____]　• particular 특정한

답 ❶ typical ❷ 고딕 양식의

대표 예제 14

그림을 보고 빈칸에 들어갈 말로 알맞은 것을 고르면?

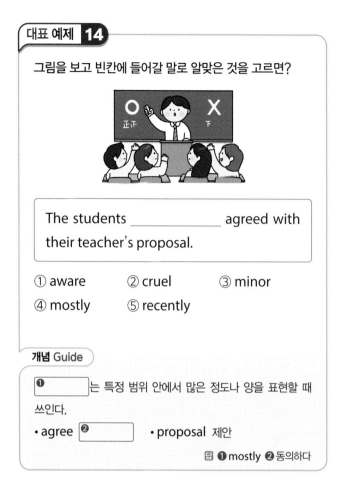

The students _____ agreed with their teacher's proposal.

① aware　　② cruel　　③ minor
④ mostly　　⑤ recently

개념 Guide

❶ [____] 는 특정 범위 안에서 많은 정도나 양을 표현할 때 쓰인다.
• agree ❷ [____]　• proposal 제안

답 ❶ mostly ❷ 동의하다

대표 예제 15

우리말과 일치하도록 어색한 단어를 찾아 고쳐 쓰시오.

내 방은 애완동물 때문에 지저분해진다.
➡ My room gets tidy because of my pet.

_____ ➡ _____

개념 Guide

'❶ [____]', '엉망인'이라는 의미의 단어는 ❷ [____] 이다.
• because of ~ 때문에

답 ❶ 지저분한 ❷ messy

대표 예제 16

주어진 단어의 영영 풀이를 완성할 때 빈칸에 들어갈 말로 가장 알맞은 것은?

backward: towards a site or position that is _____

① visible　　② due
③ behind　　④ before
⑤ overall

개념 Guide

backward는 '❶ [____]', '뒤쪽으로'라는 의미이므로 영영 풀이의 빈칸에 알맞은 단어가 무엇일지 생각해 본다.
• site ❷ [____]　• position 위치

답 ❶ 뒤로 ❷ 장소

1 빈칸에 들어갈 수 없는 단어는?

> (1) Who is the girl singing _____ the piano?
> (2) What is your country's _____ language?
> (3) After an explanation, they looked at the _____ painting again.
> (4) A(n) _____ research shows that the number of people living alone increases than last year.

① entire ② beside ③ recent

④ official ⑤ automatic

Tip

(1) '～ 옆에서', (2) '❶ [   ]', (3) '❷ [   ]', (4) '최근의'에 해당하지 않는 단어가 무엇인지 생각해 본다.
目 ❶ 공식적인 ❷ 전체의

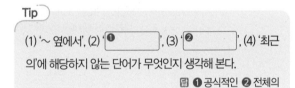

Words language 언어 explanation 설명

2 다음 중 밑줄 친 단어의 쓰임이 가장 어색한 것은?

① I think the dessert is <u>common</u>.

② I hope you finish your work <u>rapidly</u>.

③ She believes that the ghosts are <u>visible</u>.

④ Please <u>odd</u> some sauce on the bread.

⑤ We need an <u>incredible</u> amount of money to start a business.

Tip

❶ [   ](이상한, 뜻밖의)는 주로 ❷ [   ]하지 못했거나 이상한 상황을 표현할 때 쓰인다.
目 ❶ odd ❷ 예상

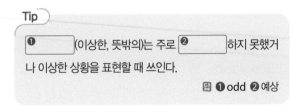

Words ghost 귀신 sauce 소스 amount 양
start a business 창업하다

3 밑줄 친 단어의 영영 풀이로 알맞은 것은?

> It is <u>unreasonable</u> for all the classes except ours to get a new computer.

① not fair or acceptable

② connected with the use of machines

③ towards an area that is in front of you

④ not seen or not happening very often

⑤ not changing depending on the situation

Tip

❶ [   ](불합리한)은 주로 ❷ [   ]하지 못하거나 받아들이기 힘든 상황을 표현할 때 쓰인다.
目 ❶ unreasonable ❷ 공평

Words except ～을 제외하고 fair 공정한, 공평한
acceptable 받아들일 수 있는
depending on ～에 따라

4 우리말과 일치하도록 빈칸에 알맞은 말을 쓰시오.

(1) We should investigate the case _____ to reveal the truth.

진실을 밝히기 위해 우리는 그 사건을 더 조사해야 한다.

(2) In a(n) _____ world that you dream of, can all of us be happy?

네가 꿈꾸는 이상적인 세계에서, 우리 모두 행복할 수 있을까?

(3) I called you _____ 10 times last night.

나는 어젯밤 너에게 거의 10번 정도 전화를 했다.

Tip

(2) 실재하지 않고 오직 생각이나 ❶_____에서만 ❷_____하는 상태에 대해 생각해 본다.

🔲 ❶ 상상 ❷ 존재

Words investigate 조사하다   reveal 밝히다

5 빈칸에 공통으로 들어갈 말로 알맞은 것은?

• Do you have a _____ purpose for collecting the money?

• I want more _____ information about him.

① rapid   ② specific
③ rotten   ④ general
⑤ grateful

Tip

❶_____ 않고 한 가지에만 연관되어 ❷_____ 정확한 상태를 나타낼 때 사용하는 표현을 생각해 본다.

🔲 ❶ 일반적이지 ❷ 자세하고

Words purpose 목적   collect 모으다

6 글의 빈칸에 가장 알맞은 것은?

According to a(n) _____ report, about 80% of the world's population lives under skies that are not dark enough at night. Especially in big cities, people often cannot see a starry night. They can also suffer from sleep problems because the natural rhythm of day and night is disturbed by artificial light.

① odd
② aware
③ recent
④ overall
⑤ incredible

Tip

주로 ❶_____(최근의)는 비교적 ❷_____ 기간 전에 시행된 연구나 통계 등의 자료를 나타내는 단어와 함께 쓰인다.

🔲 ❶ recent ❷ 짧은

Words report 보고서   population 인구
especially 특히   starry 별이 가득한
suffer from ~로 고통받다
disturb (평온·휴식을) 방해하다, 어지럽히다
artificial 인공적인

1 그림을 보고 우리말과 일치하도록 빈칸에 알맞은 것을 고르면?

Refrigerators keep food _____.
냉장고는 음식을 신선하게 유지한다.

① fresh   ② rotten

③ injured   ④ technical

⑤ generous

2 다음 중 나머지와 품사가 <u>다른</u> 하나는?

① visible   ② beside

③ addicted   ④ relieved

⑤ wounded

3 영영 풀이에 해당하는 단어를 주어진 철자로 시작하여 쓰시오.

> happening often or belonging to many people

➡ c_____

4 빈칸에 알맞은 말을 〈보기〉에서 골라 쓰시오.

┌ 보기 ┐
definite   overseas   minor

(1) We don't have _____ plans for a project yet.
우리는 아직 프로젝트를 위한 확실한 계획이 없다.

(2) Fortunately, our damage caused by the earthquake was _____.
다행히, 지진에 의한 우리의 피해는 작았다.

Words

1 refrigerator 냉장고   **3** belong to ~에 속하다

4 yet 아직   fortunately 다행히   cause 원인이 되다   earthquake 지진

5 다음 중 짝 지어진 두 단어의 관계가 나머지와 <u>다른</u> 것은?

① messy − tidy
② legal − illegal
③ almost − mostly
④ cruel − generous
⑤ relative − absolute

6 글의 네모 안에서 알맞은 단어를 골라 쓰시오.

You can change your friends. Does it sound strange? You may think that you have the perfect number of friends. If you add / odd a new friend to the list, however, you will feel even better than before.

➡ _____

7 글의 빈칸에 가장 알맞은 것은?

One day Square decided to make the room better and shouted at the other spirits.

"Take these plants away, or their pointy leaves will hurt someone!" he said to Triangle.

"But Mike waters them every day," said Triangle.

"Take this hula hoop away, or it will roll and break something!" he said to Circle.

"But Mike exercises with it every day," said Circle.

"I try to make this room _____, but you two always make a mess," he complained.

① tidy
② entire
③ scientific
④ definitely
⑤ voluntary

Words

6 perfect 완벽한   even 더욱, 한층 (더)

7 take ~ away ~을 치우다   pointy 끝이 뾰족한   water (식물에) 물을 주다   make a mess 엉망으로 만들다

A 영어 단어 카드의 지워진 부분을 채운 다음, 우리말 뜻과 바르게 연결하시오.

1. civil   ⓐ 자동적인, 무의식적인

2. automatic   ⓑ 알고 있는, 의식하고 있는

3. voluntary   ⓒ 자원봉사의, 자발적인

4. aware   ⓓ 절대적인, 완전한

5. absolute   ⓔ 시민의, 국가의, 국내의, 정중한, 예의 바른

B 각 사람이 하는 말과 일치하도록 위에서 완성한 카드 중 알맞은 것을 골라 문장을 완성하시오.

1.

국내의 갈등은 더 안 좋아지고 있다.

➡ The   conflict is getting worse.

2.

나는 누군가가 나를 쳐다보고 있다는 것을 갑자기 의식했다.

➡ I suddenly became   that someone was looking at me.

3.

그 기차는 비상 상황일 때만 제외하고 자동이다.

➡ That train is   except in an emergency situation.

C 우리말 카드에 해당하는 단어를 쓰고, 퍼즐에서 찾아 표시하시오. (→ 방향과 ↓ 방향으로 찾을 것)

빛나는, 훌륭한, 뛰어난
brilliant

끌어당기는, 매력적인

과학적인

고귀한, 숭고한, 귀족의

상처를 입은, 다친

법적인, 법률상의

구체적인

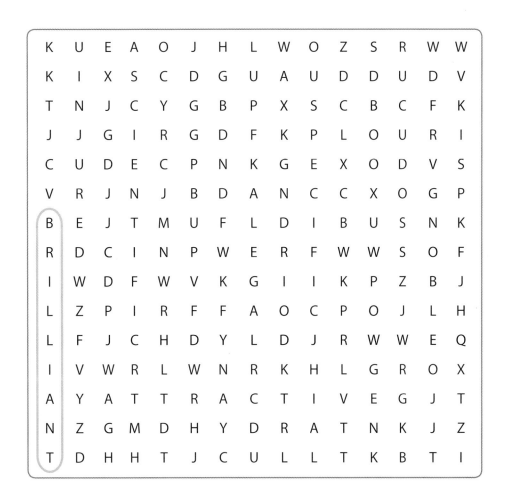

D 우리말을 참고하여 철자의 순서를 바르게 배열하시오.

1. _____ : 중독된

a t d c
i d e d

2. _____ : 이상적인

e d i
a l

3. _____ : 전형적인, 일반적인

t p a c
i y l

4. _____ : 전체의

i n e
e t r

5. _____ : 확실한, 분명한

d i t e
i f e n

6. _____ : 썩은, 부패한, 상한

r n e
o t t

E 각 사람이 하는 말과 일치하도록 위에서 완성한 단어 중 알맞은 것을 골라 문장을 완성하시오.

1.

너도 알다시피, 그것이 가장 이상적인 결론은 아니다.

➡ As you know, it is not the most _____ conclusion.

2.

이 교육의 전체 과정은 대략 10시간이 소요된다.

➡ The _____ process of this education takes about 10 hours.

3.

그녀가 다음 주에 여기 오는 것이 확실하니?

➡ Is it _____ that she will come here next week?

F 퍼즐을 완성하시오.

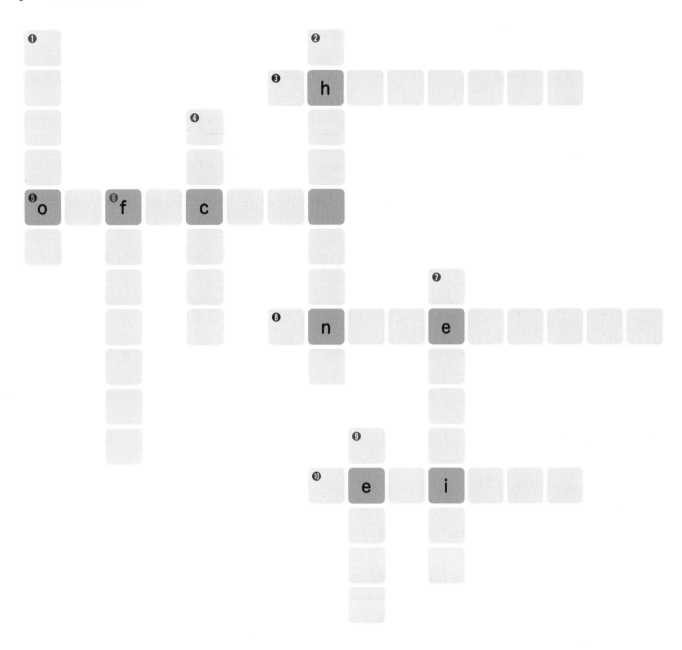

Across ▶

❸ I am really _____ for your favor.
나는 당신의 호의에 정말 감사한다.

❺ an _____ announcement
공식적인 발표

❽ That sounds _____! 정말 놀랍다!

❿ in addition to something ➡ _____

Down ▼

❶ rotten : fresh = rare : _____

❷ very exciting and interesting
➡ _____

❹ in _____ years 최근 몇 년 안에

❻ _____ : (공간, 시간상으로) 더 멀리,
(정도가) 더, 더욱더

❼ _____ : absolute = legal : illegal

❾ _____ : 지저분한, 엉망인

BOOK 2 마무리 전략

Week 1 1주 차에 학습한 어휘입니다. ●, ★, ◆, ♥, ♠ 에 알맞은 철자를 넣어 단어를 완성해 봅시다.
완성한 단어 중에 아는 단어에 ✔ 표시하고, 모르는 단어는 복습하세요.

☐ ●void

☐ cons◆st

☐ pr★fer

☐ adver♠ise

☐ comp●re

☐ c♥nfuse

☐ d★liver

☐ c●re

☐ qu◆t

☐ s★★k

☐ ass◆gn

☐ ins♠ruct

☐ ◆ndicate

☐ w●rn

☐ enc♥urage

☐ ★duca♠e

☐ f◆re

☐ for★cast

☐ oper●te

☐ gradua♠e

☐ ◆nsult

☐ ●m●ze

☐ comp★te

☐ conta◆n

☐ inser♠

☐ disc♥urage

☐ c♥unsel

☐ ♥we

☐ man●ge

☐ ♥wn

☐ def★at

☐ con♠ent

☐ r★move

☐ rep●y

☐ res★rve

☐ for★see

☐ devo♠e

☐ ex◆st

☐ sc♥ld

☐ pr●y

답 ● a ★ e ◆ i ♥ o ♠ t

Week 2 2주 차에 학습한 어휘입니다. ♣, ★, ◆, ♥, ♠ 에 알맞은 철자를 넣어 단어를 완성해 봅시다.
완성한 단어 중에 아는 단어에 ✔ 표시하고, 모르는 단어는 복습하세요.

- ◆ncred◆ble
- unb★lievable
- ◆resh
- unr★asonable
- gen★ral
- ov★rall
- ◆llegal
- rar★
- add◆cted
- scienti◆ic
- thr◆lling
- auto♠atic
- civ◆l

- gen★rous
- ty♥ical
- ra♥id
- al♠ost
- reli★ved
- ♠ostly
- ♠inor
- ◆orward
- offic◆al
- ★ntire
- br◆lliant
- rott★n
- co♠♠on
- r★lative

- t◆dy
- techn◆cal
- vis◆ble
- du★
- wound★d
- rec★ntly
- de◆initely
- im♥ressed
- ◆njured
- r★laxed
- ♠ajor
- s♥eci◆ic
- ◆urther

답 ◆f ★e ◆i ♥p ♠m

마무리 전략 **71**

신유형·신경향·서술형 전략

[1~2] 그림표를 보고, 물음에 답하시오.

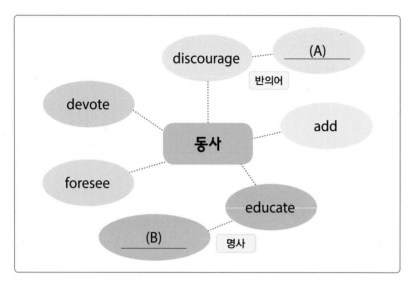

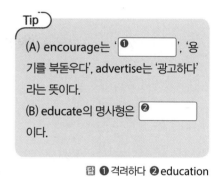

discourage ❶ [ ], 용기를 잃게 하다
add 더하다, 덧붙여 말하다
educate 가르치다, 교육하다
❷ [ ] 예견하다, 예측하다
devote (시간, 재산, 노력 등을) 바치다, 헌신하다

답 ❶ 낙담시키다 ❷ foresee

1 그림표 속 관계를 참고하여 빈칸 (A), (B)에 알맞은 낱말을 각각 골라 쓰시오.

(A) encourage   advertise

➡ _____

(B) education   employ

➡ _____

Tip
(A) encourage는 '❶[ ]', '용기를 북돋우다', advertise는 '광고하다'라는 뜻이다.
(B) educate의 명사형은 ❷[ ]이다.

답 ❶ 격려하다 ❷ education

2 〈조건〉에 맞게 문장을 완성하시오.

조건
위 그림표에서 단어를 고르되, 영영 풀이를 참고할 것

to use most of your time to do something

I want to _____ my life to composing music.

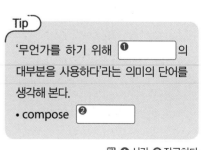

Tip
'무언가를 하기 위해 ❶[ ]의 대부분을 사용하다'라는 의미의 단어를 생각해 본다.
• compose ❷[ ]

답 ❶ 시간 ❷ 작곡하다

>> 정답과 해설 **41쪽**

[3~4] 그림표를 보고, 물음에 답하시오.

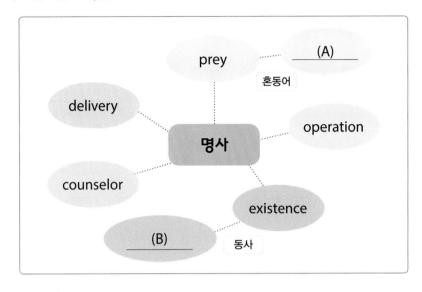

prey 먹이, 희생자

❶ [   ] 운용, 작동, 수술

existence ❷ [   ], 실재

counselor 상담역, 고문, 카운슬러,
　　　　　　지도 교사

delivery 배달, 전달

[답] ❶ operation ❷ 존재

3 그림표 속 관계를 참고하여 빈칸 (A), (B)에 알맞은 낱말을 각각 골라 쓰시오.

| typical | pray | general |
| entire | brilliant | exist |

(A) ⇒ _____

(B) ⇒ _____

Tip

(A) prey와 혼동하기 쉬운 단어는 '기도
하다'라는 의미의 ❶ [   ] 이다.
(B) existence의 동사형은 '존재하다',
'생존하다'라는 의미의 ❷ [   ] 이다.

[답] ❶ pray ❷ exist

4 위 그림표에서 알맞은 단어를 골라 문장을 완성하시오.

(1) It was the first _____ she performed as a doctor.

(2) I'm sure that you are a really great _____.

Tip

(1) 의사가 ❶ [   ] 사람을 치료하
기 위해 주로 어떤 일을 하는지 생각해
본다.
(2) 직업을 나타내는 단어를 생각해 본다.
• ❷ [   ] 확신한, 틀림없는

[답] ❶ 다친 ❷ sure

[5~6] 그림표를 보고, 물음에 답하시오.

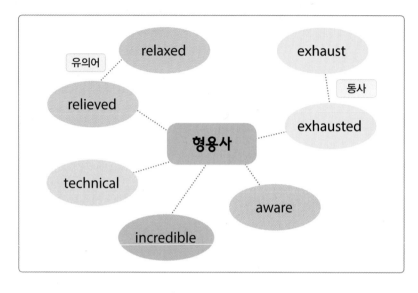

exhausted 다 써 버린, **❶** 기진맥진한

❷ 알고 있는, 의식하고 있는

incredible 믿어지지 않는, 놀라운

technical 기술의, 과학 기술의

relieved 안심한, 안도한

답 ❶지친 ❷aware

5 짝 지어진 두 단어의 관계가 같도록 빈칸에 알맞은 말을 위 그림표에서 찾아 쓰시오.

| relieved — relaxed |

| — unbelievable |

Tip

relieved와 relaxed는 **❶** 관계이다.

• unbelievable **❷**

답 ❶유의어 ❷믿을 수 없는

6 위 그림표에서 알맞은 단어를 찾아, 다음 그림의 내용과 일치하도록 밑줄 친 부분을 고쳐 쓰시오.

We need to make everyone <u>exhausted</u> of the risk of this disease.

➡ _____

Tip

그림 속 남자는 질병의 위험성에 대해 사람들에게 **❶** 있다.

• **❷** 위험성

답 ❶알리고 ❷risk

[7~8] 그림표를 보고, 물음에 답하시오.

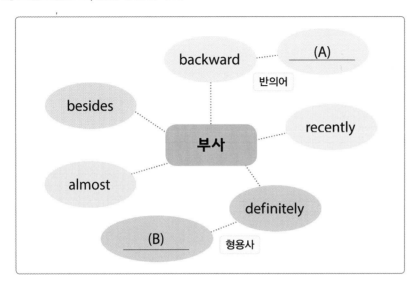

<table>
<tr><td>❶ </td><td>뒤로, 뒤쪽으로</td></tr>
</table>

❶ ▭ 뒤로, 뒤쪽으로

recently 최근에, 요즈음

definitely 확실히, ❷ ▭

almost 거의, 하마터면

besides 게다가, 또한

🔑 ❶ backward ❷ 명확하게

7 그림표 속 관계를 참고하여 빈칸 (A), (B)에 알맞은 단어를 각각 골라 쓰시오.

forward	specific	further
mostly	definite	rapidly

(A) ➡ _____

(B) ➡ _____

Tip

(A) backward는 '뒤로', '뒤쪽으로'라는 의미이므로 '❶ ▭', '앞쪽으로'라는 의미의 단어를 생각해 본다.

(B) 부사 definitely와 파생어 관계인 형용사는 ❶ ▭ 이다.

🔑 ❶ 앞으로 ❷ definite

8 위 그림표에서 알맞은 단어를 골라 문장을 완성하시오.

(1) All of the rooms in this hotel are _____ the same.

(2) He invented something brilliant _____.

Tip

(1) 완전히는 아니지만 ❶ ▭ 완전할 때 사용하는 표현을 생각해 본다.

(2) '최근에' 훌륭한 것을 발명했다는 의미가 알맞다.

• invent ❷ ▭

🔑 ❶ 거의 ❷ 발명하다

1 영영 풀이에 해당하는 단어로 가장 알맞은 것은?

> to say or do something that offends somebody

① seek   ② insert

③ insult   ④ annoy

⑤ manage

2 그림과 영영 풀이를 참고하여 빈칸에 알맞은 단어를 고르면?

> My mom _____(e)d me for my rude behavior.
> (= to speak sharply to somebody)

① pray   ② scold

③ devote   ④ praise

⑤ instruct

3 영영 풀이에 해당하는 단어를 주어진 철자로 시작하여 쓰시오.

> to give someone confidence

➡ e_____

4 대화의 빈칸에 들어갈 말로 가장 알맞은 것은?

> **A:** Do you like dance music?
> **B:** Yes, I like it. However, I _____ jazz music to dance music because it makes me comfortable.

① insert   ② prefer

③ deliver   ④ defeat

⑤ advertise

5 문장의 밑줄 친 부분을 알맞게 고쳐 쓰시오.

> Don't touch the machine when it is in operate.

➡ _____

6 다음 중 짝 지어진 두 단어의 관계가 〈보기〉와 같은 것은?

┌─ 보기 ──────────────────────┐
│   discourage – encourage   │
└────────────────────────────┘

① owe – own

② insert – insult

③ scold – praise

④ deliver – delivery

⑤ compare – compete

8 우리말과 일치하도록 빈칸에 알맞은 말을 쓰시오.

┌────────────────────────────┐
│ He _____(e)d to his friend to │
│ lend him some money.   │
│ 그는 친구에게 약간의 돈을 빌려 달라고 호소했다. │
└────────────────────────────┘

9 빈칸에 알맞은 말로 바르게 짝 지어진 것은?

┌────────────────────────────┐
│ • My parents _____(e)d me not │
│   to fight with friends.   │
│ • A doctor is a professional person who │
│   can _____ people who are ill. │
└────────────────────────────┘

① cure – care

② care – warn

③ cure – warn

④ warn – care

⑤ warn – cure

7 그림을 보고 빈칸에 알맞은 말을 〈보기〉에서 골라 쓰시오.

┌─ 보기 ──────────────────────┐
│   amaze   defeat   instruct   │
└────────────────────────────┘

┌────────────────────────────┐
│ My teacher _____(e)d me to lock │
│ the classroom door.   │
└────────────────────────────┘

10 밑줄 친 부분과 바꾸어 쓸 수 있는 표현을 주어진 철자로 시작하여 쓰시오.

┌────────────────────────────┐
│ My senior manager forecasts that the │
│ meeting will finish in one hour.   │
└────────────────────────────┘

➡ f_____

11 빈칸에 들어갈 말로 알맞은 것은?

If I run my _____ farm in the future, I will plant some tomatoes and cucumbers.

① owe

② own

③ education

④ manager

⑤ graduation

12 대화의 빈칸에 들어갈 알맞은 말을 주어진 철자로 시작하여 쓰시오.

A: Do you know the man in this photo?

B: I don't know him. Who is he?

A: He is a great environmentalist who d_____(e)s his life trying to preserve the ocean.

B: Wow, he's really great.

*environmentalist: 환경보호론자

13 그림을 보고 빈칸에 들어갈 말로 알맞은 것을 고르면?

© Stock-Asso / Shutterstock

She doesn't know how to _____ the washing machine.

① exist

② bother

③ manage

④ reserve

⑤ operate

14 다음 중 밑줄 친 부분의 우리말 풀이가 알맞지 <u>않은</u> 것은?

① How <u>amazing</u>! (놀라운)

② I <u>deliver</u> pizzas at night. (배달하다)

③ You <u>owe</u> me 5 dollars. (빚지고 있다)

④ His order made us <u>confused</u>. (지친)

⑤ Have you seen this <u>advertisement</u>? (광고)

15 밑줄 친 부분을 우리말 해석에 맞도록 주어진 철자로 시작하여 바르게 고쳐 쓰시오.

This brochure <u>seeks</u> a lot of beautiful places to go.

이 책자는 갈 만한 많은 아름다운 장소들을 포함하고 있다.

➡ c_____s

16 빈칸에 공통으로 들어갈 말로 알맞은 것은?

- It is hard for people to _____ without water for two weeks.
- This painting only _____s in this art gallery.

① pray
② defeat
③ exist
④ glance
⑤ avoid

17 영영 풀이에 해당하지 <u>않는</u> 단어는?

ⓐ to surprise someone
ⓑ to make someone healthy again
ⓒ to control a team or a business
ⓓ to speak to God to request help

① care
② cure
③ pray
④ amaze
⑤ manage

18 글의 빈칸에 들어갈 알맞은 말을 주어진 철자로 시작하여 쓰시오.

When several cartoon pictures come together and tell a story, we have a comic strip. Comic strips have been in newspapers for many years. They are often just amusing stories. People have also used comic strips for e_____. Comics can make information clearer and easier to learn. You have probably seen comic history or science books.

➡ e_____

19 글의 네모 안에서 알맞은 단어를 골라 쓰시오.

You can visit special museums to take fun selfies. For example, there is a famous selfie museum in the Philippines. It has special spots to take selfies. You can touch the paintings and even step inside them. Look at the following pictures. Though the boys are not really riding horses, it looks like they are. Though the man is just holding a big brush, it looks like he is painting the Mona Lisa. Selfie museums exist / existence in Korea, too. I have visited one in Chuncheon before. Why don't you go there yourself?

➡ _____

1 영영 풀이에 해당하는 단어로 가장 알맞은 것은?

> allowed by an organization or someone in authority

① due   ② civil

③ ideal   ④ official

⑤ voluntary

2 영영 풀이를 참고하여 빈칸에 알맞은 단어를 고르면?

© Pretty Vectors / Shutterstock

> Please let me know a _____ time and place to meet.
> (= having details about a particular thing)

① fresh   ② messy

③ specific   ④ general

⑤ reasonable

3 영영 풀이에 해당하는 단어를 주어진 철자로 시작하여 쓰시오.

> willing to give freely

➡ g_____

4 대화의 빈칸에 들어갈 말로 가장 알맞은 것은?

> **A:** What should I do next?
> **B:** _____ cheese and bake for about 12 minutes in the oven.

① Odd   ② Add

③ Tidy   ④ Minor

⑤ Grateful

5 밑줄 친 단어의 쓰임이 다른 하나는?

① Check your overall cost of work.

② His overall school grade is pretty good.

③ Did you think about the overall effect of your behavior?

④ Tell me about your overall opinion of this presentation.

⑤ Overall, I think his painting is the most suitable for our restaurant.

6 다음 중 짝 지어진 두 단어의 관계가 〈보기〉와 같은 것은?

┌ 보기 ┐
visible − invisible

① recent − recently
② relieved − relaxed
③ relative − absolute
④ injured − wounded
⑤ incredible − unbelievable

8 우리말과 일치하도록 빈칸에 알맞은 말을 쓰시오.

I think his idea is the most _____
in this situation.
나는 이 상황에서 그의 생각이 가장 합리적이라고 생각한다.

9 빈칸에 알맞은 말로 바르게 짝 지어진 것은?

- It is _____ to meet a friend abroad by chance.
- She played a _____ role in helping the company.

① major − rare
② major − minor
③ rare − major
④ rare − common
⑤ common − minor

7 그림을 보고 빈칸에 알맞은 말을 〈보기〉에서 골라 쓰시오.

┌ 보기 ┐
noble   addicted   automatic

She doesn't want her son getting _____ to playing video games again.

10 〈보기〉에서 알맞은 단어를 골라 밑줄 친 부분을 바르게 고쳐 쓰시오.

┌ 보기 ┐
illegal   relieved   attractive

My wife was <u>disappointed</u> that I didn't get fired from my job.

➡ r_____

[11~12] 그림을 보고, 빈칸에 들어갈 말로 알맞은 것을 고르
시오.

11

After reading her letter, he thought the girl's problem was not very _____.

① tidy   ② rapid

③ common   ④ backward

⑤ wounded

12

Lucas participates in a _____ program to teach children English every month.

① due   ② noble

③ entire   ④ scientific

⑤ voluntary

13 대화의 빈칸에 알맞은 말을 주어진 철자로 시작하여 쓰시오.

A: Do you like reading books?

B: Yes, I love it. However, I haven't read a book r_____.

A: Why not?

B: I'm busy with homework these days.

➡ r_____

14 다음 중 밑줄 친 부분의 우리말 풀이가 알맞지 <u>않은</u> 것은?

① There are no <u>absolute</u> truths. (상대적인)

② Can you give me some <u>legal</u> advice? (법적인)

③ <u>Besides</u>, I am not good at swimming. (게다가)

④ I don't know the <u>technical</u> terms you said in the lecture. (기술적인)

⑤ Thanks to the <u>rapid</u> economic growth, many people now enjoy high standard of living. (빠른)

15 빈칸에 공통으로 들어갈 말로 알맞은 것은?

> • She _____ didn't understand what he said.
>
> • I _____ remember the first time we met in the class.

① major
② specific
③ overseas
④ definitely
⑤ incredible

16 영영 풀이에 해당하지 <u>않는</u> 단어는?

> ⓐ so good or clever
> ⓑ including the whole thing
> ⓒ planned to occur at a particular time
> ⓓ having a good personality that people admire

① due
② noble
③ entire
④ brilliant
⑤ thrilling

17 밑줄 친 부분을 우리말 해석에 맞도록 주어진 철자로 시작하여 바르게 고쳐 쓰시오.

> She is <u>general</u> that her friend is in trouble.
> 그녀는 친구가 곤경에 처했다는 사실을 의식하지 못하고 있다.

➡ u_____

18 글의 네모 안에서 알맞은 단어를 골라 쓰시오.

> Wilfrid went back home to look for memories for Ms. Cooper. He went into the hen house and took a fresh / rotten , warm egg from under a hen. Next, he looked for his sock puppet. It always brought laughter to his parents. Finally, he found his football in his toy box. It was as precious as gold to him.

➡ _____

19 글의 빈칸에 가장 알맞은 것은?

> The Atacama is the driest desert on Earth. In some parts, it gets _____ no rain at all — only 1-3 millimeters per year! The ground in some areas is so dry that no plants can grow. Do you know what scientists do in such a dry place? The soil in this desert is very similar to the soil on Mars, so they prepare for trips to outer space. The Atacama is also one of the best places on Earth to watch stars.

① almost
② rapidly
③ definitely
④ incredible
⑤ unreasonable

BOOK 1

정답과 해설

BOOK 1 정답과 해설

1주 동사 1

해석 ❶ 40명 이상의 학생들이 그 자원봉사 활동에 **등록했어요.**

해석 ❷ 나는 항상 이 노래를 들으면 나의 어머니가 **생각나.**

해석 ❸ 그 미술관은 Van Gogh의 작품을 몇 점 **전시할** 거야.

해석 ❹ 지도와 안내서를 어디에서 얻을 수 있나요?

1주 1일 개념 돌파 전략 ❶ pp. 8~11

1-1 register
1-2 (1) aims   (2) deleted   (3) installed
2-1 represent
2-2 (1) cultivate   (2) approaching   (3) grabbed
3-1 recognize
3-2 (1) promote   (2) invaded   (3) claims
4-1 associate
4-2 (1) drowned   (2) participate   (3) threaten

1주 1일 개념 돌파 전략 ❷ pp. 12~13

A 1. 설치하다
  2. 나타내다, 대표하다
  3. 알아보다, 인정하다
  4. 지우다
  5. 침입하다, 침략하다, 침해하다
  6. 등록하다, 신고하다
  7. 참가하다, 참여하다
  8. 위협하다, 협박하다, ~의 조짐이 있다
  9. ~에 접근하다, 다가가다
  10. ~을 움켜쥐다, 붙잡다
  11. 목표로 하다
  12. 경작하다, 재배하다, 기르다
  13. 주장하다, 요구하다; 주장, 청구
  14. 익사하다, 물에 빠지다
  15. 홍보하다, 촉진하다, 승진시키다
  16. 연상하다, 결부 짓다, 사귀다

B 1. grab   2. aim   3. cultivate   4. participate
  5. represent   6. install   7. claim   8. drown
  9. approach   10. recognize   11. associate
  12. promote   13. register   14. invade
  15. delete   16. threaten

C 1. ③   2. ②   3. ②

D 1. ①   2. ①   3. ②

C 해석 1. 우리는 그에게 보안 카메라를 설치해 달라고 요청했다.
① 침입하다, 침략하다, 침해하다
② 알아보다, 인정하다
2. 나의 할머니께서는 그녀의 정원에 장미를 키우신다.
① 참가하다, 참여하다
③ 홍보하다, 촉진하다, 승진시키다

3. 우리는 가난한 아이들을 돕는 것을 목표로 한다.
① ~에 접근하다, 다가가다
③ 위협하다, 협박하다, ~의 조짐이 있다

D 해석 1. 써지거나 출력된 것을 없애다: ① 지우다
② 연상하다, 결부 짓다, 사귀다
③ 침입하다, 침략하다, 침해하다
2. 갑자기 누군가 혹은 무언가를 잡다: ① ~을 움켜쥐다, 붙잡다
② 설치하다
③ 익사하다, 물에 빠지다
3. 전에 본 적이 있어서 누군가 혹은 무언가를 알다: ② 알아
보다
① 경작하다, 재배하다, 기르다
③ 나타내다, 대표하다

© Prostock-studio / Shutterstock

1주 2일 필수 체크 전략 ❶
pp. 14~17

필수 예제 1	(1) govern (2) announcement (3) criticize (4) appointment (5) entertainment
확인 문제 1-1	(1) × (2) ×
확인 문제 1-2	(1) (e)ntertain (2) (c)riticize (3) (s)elect

확인 문제 1-1
해설 (1) select는 '선택하다', '선정하다'라는 의미이므로, 우리
말과 맞지 않는다. 따라서 elect(선출하다)로 고쳐 써야 한다.
(2) appoint는 '임명하다', '지명하다', '(시간, 장소 등을) 정하다'라는
의미의 동사이므로, 우리말과 맞지 않는다. 따라서 appointment
(약속, 임명, 지명)로 고쳐 써야 한다.

확인 문제 1-2
해설 (1) 즐겁게 하다, 대접하다: 누군가를 재미있게 해 주다
(2) 비난하다: 누군가 혹은 무언가가 나쁘다고 말하다
(3) 선택하다, 선정하다: 누군가 혹은 무언가를 선택하다

© SLP_London / Shutterstock

필수 예제 2	(1) admit (2) display (3) continue (4) perform (5) effect
확인 문제 2-1	(1) ○ (2) ×
확인 문제 2-2	(1) (p)erformance (2) (e)ffect (3) (a)dmit

확인 문제 2-1
해설 (1) deny는 '부인하다', '부정하다', '거부하다'라는 의미이
므로, 우리말에 맞는 표현이다.
(2) improve는 '향상하다', '개선하다'라는 의미의 동사이므로, 우
리말과 맞지 않는다. 따라서 improvement(향상, 개선, 발전)로
고쳐 써야 한다.

확인 문제 2-2
해석 (1) 공연: 다른 사람들이 즐길 수 있도록 연기하거나 노래하
거나 춤추는 것
(2) 영향, 결과, 효과: 무언가에 의해 일어나는 변화나 결과
(3) 인정하다: 자신이 무언가 나쁜 일을 했다고 동의하다

© Ayakovlev / Shutterstock

1주 2일 필수 체크 전략 ❷
pp. 18~19

1 ⑤ 2 selected 3 ④ 4 ② 5 admitted

1 해설 ⑤는 형용사, 나머지는 동사이다.

해석 ① 임명하다, 지명하다, (시간, 장소 등을) 정하다
② 즐겁게 하다, 대접하다
③ 인정하다
④ 공연하다, 수행하다
⑤ 연속적인, 지속적인, 계속되는

2 해설 elect: 선출하다, select: 선택하다, 선정하다

해석 나는 딸기 아이스크림을 선택했다.

3 해설 blame은 동사로 쓰일 때 '비난하다', '~의 탓으로 돌리다'라는 의미로 criticize와 의미가 유사하다.

해석 그는 관객들이 떠드는 것에 대해 비난했다.
① 통치했다, 지배했다
② 전시했다, 보여주었다
③ 부인했다, 부정했다, 거부했다
⑤ 발표했다, 알렸다

4 해설 effect는 '영향', '결과', '효과'라는 의미의 명사로서 have an effect on은 '~에 영향을 끼치다'라는 의미로 쓰인다.

해석 ① affect: ~에게 영향을 주다
③ elect: 선출하다
④ select: 선택하다, 선정하다
⑤ appointment: 약속, 임명, 지명

5 해설 그림 속에서 여학생이 깨진 꽃병을 보면서 어머니에게 사과하고 있으므로 자신의 잘못을 '인정했다'라는 내용이 자연스럽다. 따라서 denied(부인했다)를 admitted(인정했다)로 고쳐 써야 한다.

해석 〈보기〉 improve: 향상하다, 개선되다
continue: 계속되다, 계속하다
perform: 공연하다, 수행하다
나는 그것이 내 잘못이라는 것을 부인했다(→ 인정했다).

1주 3일 필수 체크 전략 ❶
pp. 20~23

필수 예제 3	(1) construct (2) loosen (3) locate
	(4) digestion (5) gain
확인 문제 3-1	(1) ○ (2) ×
확인 문제 3-2	(1) (c)onstruct (2) (l)ocate (3) (f)asten

확인 문제 3-1
해설 (1) loosen은 '풀다', '느슨하게 하다'라는 의미이므로, 우리말에 맞는 표현이다.
(2) examine은 '검사하다', '조사하다'라는 의미의 동사이므로, 우리말과 맞지 않는다. 따라서 examination(조사, 검사, 검토)으로 고쳐 써야 한다.

확인 문제 3-2
해석 (1) (건물, 다리, 배 등을) 건설하다: 집, 다리, 도로 등과 같은 것을 짓다
(2) (건물 등이) 위치하다, 위치를 찾아내다: 누군가 혹은 무언가의 정확한 위치를 찾다
(3) 매다, 잠그다, 고정시키다: 무언가의 두 부분을 닫거나 결합하다

© Wavebreakmedia / Shutterstock

필수 예제 4	(1) conclude (2) support
	(3) organization (4) drop (5) decision
확인 문제 4-1	(1) × (2) ○
확인 문제 4-2	(1) (c)onclusion (2) (d)ecide
	(3) (o)rganize

확인 문제 4-1

해설 (1) suppose는 '가정하다', '추측하다'라는 의미이므로, 우리말과 맞지 않는다. 따라서 support(돕다, 지원하다, 지지하다)로 고쳐 써야 한다.

(2) robber는 '강도'라는 의미의 명사이므로, 우리말에 맞는 표현이다.

확인 문제 4-2

해석 (1) 결론, 결말: 무언가에 대한 모든 정보를 고려한 후의 의견

(2) 결정하다, 결심하다: 다른 가능성에 대해 생각한 후 무언가를 선택하다

(3) 조직하다, 구성하다: 무언가를 계획하거나 배열하다

© Rawpixel.com / Shutterstock

1주 3일 필수 체크 전략 ❷   pp. 24~25

1 ④   2 digest   3 ③   4 ③   5 support

1 해설 ④는 명사, 나머지는 동사이다.

해석 ① 매다, 잠그다, 고정시키다
② (건물 등이) 위치하다, 위치를 찾아내다
③ 결론짓다, 끝내다
④ 결정, 결심
⑤ 얻다, 획득하다

2 해설 digest: 소화하다, examine: 검사하다, 조사하다

해석 우리의 몸은 밤에 음식을 잘 소화하지 못한다.

3 해설 obtain은 '얻다', '획득하다'라는 의미로 gain과 의미가 유사하다.

해석 그들은 부모님으로부터 허락을 받을 필요가 있을 것이다.
① 돕다, 지원하다, 지지하다
② 조립하다, (건물, 다리, 배 등을) 건설하다
④ 결정하다, 결심하다
⑤ 풀다, 느슨하게 하다

4 해설 '매다', '잠그다', '고정시키다'라는 의미의 동사는 fasten이다.

해석 ① gain: 얻다, 획득하다
② locate: (건물 등이) 위치하다, 위치를 찾아내다
④ loosen: 풀다, 느슨하게 하다
⑤ organize: 조직하다, 구성하다

5 해설 그림 속에서 여성이 아프리카의 아이들을 가르치고 있으므로 학교를 지원하기(support) 위해 남아프리카에 갔다는 내용으로 고쳐 쓰는 것이 자연스럽다.

해석 〈보기〉 decide: 결정하다, 결심하다
rob: 훔치다, 강탈하다, 빼앗다
drip: 방울방울 흐르다, 뚝뚝 떨어지다
나는 그곳의 학교를 가정하기(→ 지원하기) 위해 남아프리카에 갔다.

1주 4일 교과서 대표 전략 ❶   pp. 26~29

1 (1) display   (2) government   **2** dropped   **3** ③
4 ④   **5** effect   **6** ②   **7** ③   **8** ④   **9** (1) claim
(2) blame   **10** ⑤   **11** (1) (l)oosen   (2) (d)eny
12 ③   **13** support → suppose   **14** ⑤   **15** ④
16 ③

1 해석 (1) 비난하다 : 비난하다, ~의 탓으로 돌리다 = 전시하다 : 전시하다, 보여주다
(2) 통치하다, 지배하다 : 정부 = 발표하다, 알리다 : 발표, 공고

2 해석 세호는 교실로 가는 길에 그의 표 중 한 개를 떨어뜨렸다.
drip: 방울방울 흐르다, 뚝뚝 떨어지다

3 해석 투표를 통해 특정 작업을 수행할 누군가를 선택하다: ③ 선출하다
① 부인하다, 부정하다, 거부하다
② 인정하다
④ 선택하다, 선정하다
⑤ 임명하다, 지명하다, (시간, 장소 등을) 정하다

4 해설 ④ continuous는 동사 continue의 형용사형 파생어이다. 나머지는 모두 동사와 명사 관계이다.

해석 ① (건물 등이) 위치하다, 위치를 찾아내다 – 장소, 위치
② 소화하다 – 소화, 소화력
③ 결론짓다, 끝내다 – 결론, 결말
⑤ 조립하다, (건물, 다리, 배 등을) 건설하다 – 건설, 조립, 구조

5 해설 (1) '영향을 끼치다'라는 의미의 표현은 have an effect on이고, (2) '효과'라는 의미의 단어는 effect이므로 빈칸에 공통으로 알맞은 말은 effect이다.

해석 (1) 환경 오염은 인간에게 심각한 영향을 끼칠 수 있다.
(2) 약의 효과는 약 네 시간 정도 지속된다.

6 해설 ② approach는 '~에 접근하다', '다가가다'라는 의미의 동사이고, '알아보다'라는 의미의 동사는 recognize이다.

해석 ① 나는 시험에 통과하는 것을 목표로 한다.
② 나는 한 무리의 사람들이 그녀에게 접근하는 것을 보았다.
③ 정원에서 식물을 기르기는 쉽지 않다.
④ 나는 오늘 오후에 약속을 잡아야 한다.
⑤ 작년에 아프리카의 코끼리 개체 수가 급격히 떨어졌다.

7 해석 ③ 전시하다: 그림과 같은 사물을 대중에게 보여주다
① 설치하다
② 계속되다, 계속하다
④ 검사하다, 조사하다
⑤ 조립하다, (건물, 다리, 배 등을) 건설하다

© Comaniciu Dan / Shutterstock

8 해석 ① 비난하다, ~의 탓으로 돌리다; 비난, 책임
② 결론짓다, 끝내다
③ 향상하다, 개선되다
④ 나타내다, 대표하다
⑤ 참가하다, 참여하다

9 해석 〈보기〉 threaten: 위협하다, 협박하다, ~의 조짐이 있다
(1) 그 소녀들은 자신들이 천사를 보았다고 주장한다.
(2) 그들은 그 실패에 대해 그녀를 비난했다.

10 해석 ① 홍보하다: 무언가를 광고하다
② 위치를 찾아내다: 누군가 혹은 무언가의 정확한 위치를 찾다
③ 향상하다, 개선되다: 무언가를 더 나아지게 만들거나 더 나아지다
④ 공연: 다른 사람들이 즐길 수 있도록 연기하거나 노래하거나 춤추는 것
⑤ 조직하다, 구성하다(→ 지우다): 써지거나 출력된 것을 없애다

11 해석 (1) 풀다, 느슨하게 하다: 무언가를 덜 단단하게 하다
(2) 부인하다, 부정하다, 거부하다: 무언가가 사실이 아니라고 말하다

12 해설 gain은 '얻다', '획득하다'라는 의미로서 이와 바꾸어 쓸 수 있는 단어는 ③ obtain이다.

해석 당신은 도서관에 방문함으로써 과제물에 대한 도움을 얻을 수 있다.
① 선택하다, 선정하다
② 매다, 잠그다, 고정시키다
④ 풀다, 느슨하게 하다
⑤ 공연하다, 수행하다

13 해설 '추측하다'라는 의미의 단어는 suppose이므로, 우리말과 맞지 않는다. 따라서 support(돕다, 지원하다, 지지하다)를 suppose로 고쳐 써야 한다.

14 **해설** 강을 가로지르는 새로운 다리를 '건설하다'라는 의미가 적절하므로 빈칸에 들어갈 단어로는 ⑤ construct가 알맞다.

해석 그들은 강을 가로지르는 새로운 다리를 <u>건설했다</u>.
① 등록하다, 신고하다
② 지우다
③ 향상하다, 개선되다
④ 결정하다, 결심하다
⑤ 조립하다, (건물, 다리, 배 등을) 건설하다

15 **해석** A: 야생 생물이 빛 공해 때문에 <u>위협받는다</u>고 들었어.
B: 정말? 그거 끔찍하구나.
① 익사하다, 물에 빠지다
② 계속되다, 계속하다
③ 경작하다, 재배하다, 기르다
⑤ 홍보하다, 촉진하다, 승진시키다

ⓒ kajornyot wildlife photography / Shutterstock

16 **해석** Amelia는 학위를 받을 때까지 공부를 <u>계속했다</u>.
(= 무언가를 계속하다)
① 얻다, 획득하다
② ~에게 영향을 주다
③ 계속되다, 계속하다
④ 돕다, 지원하다, 지지하다
⑤ 임명하다, 지명하다, (시간, 장소 등을) 정하다

1주 4일 교과서 대표 전략 ❷   pp. 30~31

1 ④   2 ⑤   3 ④   4 (1) associate   (2) drown(ed)
(3) fasten   5 ④   6 ②

1 **해석** 전에 본 적이 있어서 누군가 혹은 무언가를 알다: ④ 알아보다

① 방울방울 흐르다, 뚝뚝 떨어지다
② 얻다, 획득하다
③ 전시하다, 보여주다
⑤ 즐겁게 하다, 대접하다

2 **해석** 거리나 시간이 가까워지다: ⑤ ~에 접근하다, 다가가다
① 통치하다, 지배하다
② 침입하다, 침략하다, 침해하다
③ 검사하다, 조사하다
④ 발표하다, 알리다

3 **해설** elect의 영영 풀이로 알맞은 것은 ④ '투표를 통해 특정 작업을 수행할 누군가를 선택하다'이다.

해석 그들은 학급 회장을 <u>선출하고</u> 있다.
① 누군가를 재미있게 해 주다(entertain)
② 어떤 국가를 통제하기 위해 무력으로 들어가다(invade)
③ 누군가 혹은 무언가의 정보를 목록에 넣다(register)
⑤ 갑자기 누군가 혹은 무언가를 잡다(grab)

4 **해설** (1) '연상하다'라는 의미의 단어는 associate이다.
(2) '익사하다'라는 의미의 단어는 drown이다.
(3) '매다'라는 의미의 단어는 fasten이다.

5 **해설** '발표'라는 의미의 명사 자리이므로 announce를 announcement로 고쳐 써야 한다.

해석 ① 그 소년은 그의 삼촌을 <u>알아보지</u> 못했다.
② 그녀는 경주에 <u>참여하기</u>를 거부했다.
③ 그는 목록에 있는 그의 이름을 일부러 <u>지웠다</u>.
④ 우리는 실종된 아이에 대해 발표(→ 발표할) 것이다.
⑤ 얼마나 많은 학생이 프랑스어 수업에 <u>등록했나요</u>?

6 **해설** 빈칸 바로 앞 문장에서 어떤 박테리아는 이롭다고 했으므로 박테리아가 우리가 먹는 음식을 '소화하는(digest)' 것을 돕는다는 말이 이어지는 것이 적절하다.

지문 해석 세균은 어디에나 있지만, 그것을 눈으로 보는 것은 불가능하다.
두 가지 종류의 주요 세균이 있는데, 박테리아와 바이러스가 그것이다. 박테리아는 아주 작은 생명체이다. 어떤 박테리아는 이롭다. 그것은 당신이 먹는 음식을 <u>소화하는</u> 것을 도울 수 있다. 또 다른 박테리아는 해로워서 당신을 아프게 만들 수 있다.

바이러스는 다른 생체 세포 안에서만 살 수 있는 세균이다. 그것은 독감과 같은 질병에 걸리게 한다.

해석 ① 떨어지다, 떨어뜨리다; (물)방울, 낙하
③ 침입하다, 침략하다, 침해하다
④ 임명하다, 지명하다, (시간, 장소 등을) 정하다
⑤ 즐겁게 하다, 대접하다

© Getty Images Korea

〈백남준_다다익선〉

5 해설 ② entertain은 '즐겁게 하다', '대접하다'라는 의미의 동사이고 '오락', '즐거움', '연예'라는 의미의 명사는 entertainment이다.

6 해설 글의 흐름상 민솔이가 주말마다 휴식 시간을 갖기로 '결심했다'라는 의미가 되어야 하므로 네모 안에서 알맞은 단어는 decided이다.

지문 해석 민솔이는 주말마다 휴식 시간을 갖기로 결심했다. 그녀는 인라인스케이트 타기나 자전거 타기와 같은 운동을 좀 할 계획이다. 그녀는 또한 친구들과 영화를 볼 것이다. 매월 셋째 주 토요일에 그녀는 무료 콘서트를 즐기기 위해 예술 회관에 갈 것이다. 어떤 주말에는, 집에 머무르면서 휴식을 취할 것이다.

7 해설 글의 흐름상 Cooper 할머니가 여동생을 위해 양말 인형을 가지고 인형극을 '공연해 주었던 것'을 기억해 냈다는 의미가 자연스러우므로 빈칸에 알맞은 단어는 ④ performing (공연해 주었던 것)이다.

지문 해석 Cooper 할머니는 따뜻한 달걀을 쥐고 Wilfrid에게, "오래전에, 나는 나의 이모님 댁 정원에서 작고 푸른 알을 찾았단다."라고 속삭였다. 그녀는 양말 인형을 보며 미소를 짓다가 자기 여동생에게 인형극을 공연해 주었던 것을 기억해 냈다. "내 여동생이 엄청나게 웃었지."라고 Cooper 할머니가 말했다. 그녀는 Wilfrid에게 축구공을 튀겨서 주었고 그를 기억해 냈다. "Wilfrid? Wilfrid Gordon Parker! 내 친구!" 그녀는 또한 그들만의 비밀들을 하나씩 기억해 냈다.

해석 ① 영향을 끼친 것
② 비난한 것
③ 전시한 것
⑤ 발표한 것

누구나 합격 전략

pp. 32~33

1 ③   2 ⑤   3 (1) Admitting(To admit)
(2) governed   4 (d)isplay   5 ②   6 decided
7 ④

1 해설 ③은 명사, 나머지는 동사이다.

해석 ① 익사하다, 물에 빠지다
② 설치하다
③ 결정, 결심
④ 임명하다, 지명하다, (시간, 장소 등을) 정하다
⑤ 위협하다, 협박하다, ~의 조짐이 있다

2 해설 '끝내다'라는 의미의 동사는 conclude이다.

해석 ① 목표로 하다
② 인정하다
③ (건물 등이) 위치하다, 위치를 찾아내다
④ 조직하다, 구성하다

3 해설 (1) '인정하다'라는 의미의 동사는 admit이다.
(2) '통치하다'라는 의미의 동사는 govern이다.

해석 〈보기〉 deny: 부인하다, 부정하다, 거부하다

4 해설 사람들이 볼 수 있도록 무언가를 어딘가에 배치하다

A

1. **gain**
2. **approach**
3. **select**
4. **organize**
5. **display**

ⓐ 조직하다, 구성하다
ⓑ 얻다, 획득하다
ⓒ ~에 접근하다, 다가가다
ⓓ 선택하다, 선정하다
ⓔ 전시하다, 보여주다

B

1. select
2. gain
3. organize

어휘 novel 소설　weight 무게　exercise 운동하다

C

검사하다	결론, 결말	매다, 잠그다
examine	conclusion	fasten

소화력	즐겁게 하다	알아보다
digestion	entertain	recognize

```
G P A H Y O Z T S L E A I U H
C Y S P X S Z R E X B L C K
I C K H P U Q N E Q A D B I Y
M R M U U M P R C P M I P E I
P I L F G M U A O H I E K N W
R T U N Q I L Q G X N F X T I
O I D X F J S O N O E A M E Y
B C O N C L U S I O N S G R H
E I L U M K O X Z Q E T I T I
M Z I O B C Z L E L H E L A D
E E M M Q U H R R C T N G I Z
N H F E V D I G E S T I O N A
T K W X N E A C F C N L U V F
E Q P N X E S I X A N X I P T
U J A B E R V T H P E G G Y V
```

D

1. locate : 위치를 찾아내다
2. grab : ~을 움켜쥐다
3. continuous : 연속적인
4. suppose : 가정하다
5. support : 돕다, 지원하다
6. construct : 건설하다

E

1. locate
2. suppose
3. construct

어휘 leak 새는 곳, 구멍

F

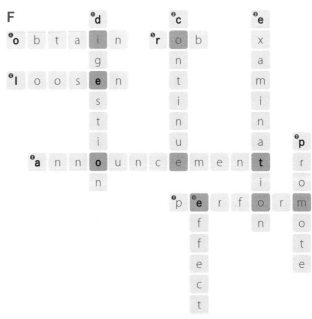

해석 [Across]

❹ 전시하다 : 전시하다, 보여주다 = <u>얻다, 획득하다</u>

❻ 부인하다, 부정하다, 거부하다 : 인정하다 = 매다, 잠그다,

　고정시키다 : <u>풀다, 느슨하게 하다</u>

[Down]

❷ 무언가를 계속하다 ➡ <u>계속되다, 계속하다</u>

❼ 무언가를 광고하다 ➡ <u>홍보하다</u>

❿ 무언가에 의해 일어나는 변화나 결과 ➡ <u>영향, 결과, 효과</u>

2주 명사

해석 ❶ 저는 우주에 관한 **다큐멘터리**를 시청하고 있어요.

해석 ❷ 너는 새 영화에 관한 **기사**를 읽어 봤니?

해석 ❸ 김 선생님에 대한 네 첫인상은 어땠니?

해석 ❹ 나는 내 **장점** 중의 하나가 인내심이라고 생각해.

개념 돌파 전략 ❶

2주 1일

pp. 40~43

1-1 limit
1-2 (1) generations   (2) ability   (3) article
2-1 conversation(s)
2-2 (1) attitude   (2) audiences   (3) request
3-1 anniversary
3-2 (1) period   (2) concept   (3) outline
4-1 suspect
4-2 (1) myths   (2) tasks   (3) theme

개념 돌파 전략 ❷

2주 1일

pp. 44~45

A 1. 청중, 관중
   2. 기념일
   3. 주제, 테마, 요지
   4. 일, 과제, 과업
   5. (신문, 잡지의) 글, 기사
   6. 신화
   7. 세대, 발생
   8. 제한, 한계
   9. 태도
   10. 개념
   11. 대화
   12. 능력, 재능
   13. 윤곽, 개요
   14. 부탁, 요청; 요청하다
   15. 용의자
   16. 기간, 시기, 시대

B 1. period   2. limit   3. task   4. generation
   5. theme   6. request   7. anniversary
   8. audience   9. conversation   10. myth
   11. article   12. ability   13. suspect
   14. outline   15. attitude   16. concept

C 1. ②   2. ①   3. ③

D 1. ③   2. ①   3. ①

C 해석 1. 그 어린 소년은 그의 옷으로 <u>관객</u>의 눈을 사로잡았다.
   ① 세대, 발생
   ③ 용의자
   2. 사람들의 <u>윤곽</u>이 그 바위에 새겨져 있었다.
   ② 제한, 한계
   ③ 기간, 시기, 시대
   3. 그는 교사로서 그의 <u>능력</u>에 자신감을 느끼고 있다.
   ① 부탁, 요청; 요청하다
   ② 대화

D 해석 1. 신들과 용감한 사람들에 관한 고대의 이야기: ③ 신화
   ① (신문, 잡지의) 글, 기사
   ② 개념
   2. 거의 같은 나이의 모든 사람: ① 세대
   ② 일, 과제, 과업
   ③ 주제, 테마, 요지
   3. 죄가 있다고 여겨지는 사람: ① 용의자
   ② 기념일
   ③ 태도

필수 체크 전략 ❶

2주 2일

pp. 46~49

필수 예제 1   (1) concern   (2) wealth   (3) incident
             (4) impressive   (5) expensive
확인 문제 1-1 (1) ×   (2) ○
확인 문제 1-2 (1) (v)alue   (2) (c)oncern   (3) (i)ncident

확인 문제 1-1
해설 (1) wealth는 '부', '부유함'이라는 의미의 명사이므로, 우리말과 맞지 않는다. 따라서 poverty(가난, 빈곤)로 고쳐 써야 한다.
(2) expense는 '비용', '경비'라는 의미이므로, 우리말에 맞는 표현이다.

확인 문제 1-2
해석 (1) 가치: 무언가가 가치 있는 정도
(2) 우려, 근심: 무언가에 대해 걱정하는 마음
(3) 사건, 사고: 발생하는, 특히 흔치 않은 어떤 일

필수 예제 2	(1) quality (2) strength (3) depth
	(4) distant (5) documentary
확인 문제 2-1	(1) × (2) ○
확인 문제 2-2	(1) (s)pice (2) (d)ocumentary
	(3) (s)trength

확인 문제 2-1

해설 (1) distance는 '거리', '먼 곳'이라는 의미의 명사이므로, 우리말과 맞지 않는다. 따라서 distant(먼, 멀리 떨어진)로 고쳐 써야 한다.
(2) quantity는 '양', '수량'이라는 의미이므로, 우리말에 맞는 표현이다.

확인 문제 2-2

해석 (1) 향신료, 양념: 요리에 사용되는 일종의 가루나 씨앗
(2) 다큐멘터리: 무언가에 대한 사실을 알려 주는 영화나 텔레비전 프로그램
(3) 장점: 어떤 사람이나 사물에게 이익을 주는 자질

2주 2일 필수 체크 전략 ❷

pp. 50~51

1 ③ 2 documentary 3 ③ 4 ⑤ 5 length

1 해설 ③은 반의어 관계이고 나머지는 모두 '명사 – 형용사'의 파생어 관계이다.

해석 ① 거리, 먼 곳 – 먼, 멀리 떨어진
② 비용, 경비 – 비싼, 고가의
③ 가난, 빈곤 – 부, 부유함
④ 인상, 감명, 감동 – 인상적인
⑤ 우려, 근심 – 우려하는, 신경 쓰는

2 해설 document: 문서, documentary: 다큐멘터리

해석 나는 어젯밤에 북극곰에 관한 다큐멘터리를 시청했다.

3 해설 incident는 '사건', '사고'라는 의미이므로 accident(사건, 사고)와 의미가 유사하다.

해석 그녀는 나에게 그 사건을 설명해 달라고 요청했다.
① 향신료, 양념
② 길이, 기간, 거리
④ 부, 부유함
⑤ 힘, 강점, 장점

4 해설 '약점'이라는 의미의 명사는 weakness이다.

해석 ① expense: 비용, 경비
② quality: 질, 품질, (사람의) 자질
③ strength: 힘, 강점, 장점
④ quantity: 양, 수량

5 해설 사진에서 잎의 '길이'를 재고 있으므로 depth(깊이)를 length(길이, 기간, 거리)로 고쳐 써야 한다.

해석 〈보기〉 concern: 우려, 근심
expense: 비용, 경비
value: 가치; 가치 있게 생각하다, 평가하다
우리는 잎의 깊이(→ 길이)를 쟀다.

2주 3일 필수 체크 전략 ❶

pp. 52~55

필수 예제 3	(1) absence (2) draft (3) population
	(4) solid (5) industrial
확인 문제 3-1	(1) × (2) ○
확인 문제 3-2	(1) (a)bsence (2) (c)raft
	(3) (p)opulation

확인 문제 3-1

해설 (1) solid는 명사로 쓰일 때 '고체'라는 의미이므로, 우리말과 맞지 않는다. 따라서 liquid(액체)로 고쳐 써야 한다.
(2) supply는 '공급', '물품', '보급(품)'이라는 의미의 명사이므로, 우리말에 맞는 표현이다.

해석 (1) 부재: 무언가의 결핍

(2) 수공예: 손으로 물건을 만드는 활동

(3) 인구: 특정한 지역이나 나라 등에 사는 사람들의 수

© Rawpixel.com / Shutterstock

필수 예제 4 (1) rhythm (2) sculpture (3) tale
(4) inquire (5) religion
확인 문제 4-1 (1) × (2) ○
확인 문제 4-2 (1) (l)yric (2) (i)nquiry (3) (v)ersion

확인 문제 4-1

해설 (1) religion은 '종교'라는 의미의 명사이므로, 우리말과 맞지 않는다. 따라서 region(지역, 지방)으로 고쳐 써야 한다.

(2) tale은 '이야기', '소설'이라는 의미이므로, 우리말에 맞는 표현이다.

확인 문제 4-2

해석 (1) 가사: 노래의 말들

(2) 조사, 심문: 정보를 얻기 위해서 하는 질문

(3) 판, 형태, 버전: 여러 가지 형태를 가진 무언가의 한 형태

© Africa Studio / Shutterstock

2주 3일 필수 체크 전략 ❷   pp. 56~57

1 ④   2 region   3 ⑤   4 ④   5 supply

1 해설 ④는 '명사 - 형용사'의 파생어 관계이고 나머지는 모두 서로 혼동하기 쉬운 단어이다.

해석 ① 이야기, 소설 - 꼬리

② 공예, 수공예 - 밑그림, 초고, 초안

③ 리듬, 박자 - 가사

④ 결석, 결근, 부재 - 부재의, 없는, 결석한

⑤ 지역, 지방 - 종교

2 해설 region: 지역, 지방, religion: 종교

해석 그 지역은 양질의 포도주와 온화한 기후로 유명하다.

3 해설 statue는 '동상', '조각상'이라는 의미로 sculpture(조각, 조각품)와 의미가 유사하다.

해석 그 동상은 그리스 신들의 왕에게 경의를 표하는 뜻으로 Phidias에 의해 만들어졌다.

① 고체; 고체의, 단단한

② 간행물의 판(版)

③ 조사, 심문

④ 공급, 물품, 보급(품)

4 해설 '인구', '개체 수'라는 의미의 명사는 population이다.

해석 ① industry: 산업

② absence: 결석, 결근, 부재

③ industrial: 산업의, 공업의

⑤ popularity: 인기

5 해설 사진에서 가뭄으로 땅이 바싹 말라 있으므로 몇몇 지역에서 가뭄이 물 공급(supply)을 위협했다는 내용으로 고쳐 쓰는 것이 자연스럽다.

해석 〈보기〉 craft: 공예, 수공예

version: 판, 형태, 버전

liquid: 액체; 액체의, 유동성의

몇몇 지역에서 가뭄이 물 수요를(→ 공급을) 위협했다.

© ArCaLu / Shutterstock

2주 4일 교과서 대표 전략 ① pp. 58~61

1 (1) distant (2) strength 2 tale 3 ① 4 ④
5 length 6 ④ 7 ① 8 ② 9 (1) distance
(2) expense 10 ⑤ 11 ③ 12 ①
13 spice → spicy 14 ② 15 (1) (v)alue
(2) (i)mpression 16 ④

1 **해석** (1) 산업 : 산업의, 공업의 = 거리, 먼 곳 : 먼, 멀리 떨어진
(2) 약점 : 힘, 강점, 장점 = 요구, 수요 : 공급, 물품, 보급(품)

2 **해석** 너는 조부모님께 그 동화를 들었니? / tail: 꼬리

3 **해석** 손으로 물건을 만드는 활동: ① 수공예
② 밑그림, 초고, 초안
③ 액체; 액체의, 유동성의
④ 고체; 고체의, 단단한
⑤ 조사, 심문

4 **해설** incident는 '사건', '사고'라는 의미로, ④ accident와 의미가 유사하다.

해석 그 사건은 학생들 사이의 오해로 인해 발생했다.
① 주제, 테마, 요지
② 질, 품질, (사람의) 자질
③ 산업
⑤ 문서

5 **해설** (1) 비행 '거리'에 따라 승객에게 요금을 청구한다는 의미, (2) Danube 강의 '길이'가 2,850km라는 의미가 자연스러우므로 빈칸에 공통으로 알맞은 말은 length이다.

해석 (1) 그 회사는 비행 거리에 따라 승객에게 요금을 청구한다.
(2) Danube 강의 길이는 약 2,850km이다.

6 **해석** ④ 청중, 관중: 극장에 앉아서 공연을 보는 사람들
① 일, 과제, 과업
② 능력, 재능
③ 용의자
⑤ 태도

© Pixel 4 Images / Shutterstock

7 **해설** ① lyric은 '가사'라는 의미의 명사이고 '박자'라는 의미의 명사는 rhythm이다.

해석 ① 나는 그 노래의 가사를 모른다.
② 종교의 자유는 보호받아야 한다.
③ 몇몇 비밀문서들이 사라졌다.
④ 내일은 나의 부모님의 열일곱 번째 결혼기념일이다.
⑤ 그 팀은 올림픽에서 인상적인 성과를 보여주었다.

8 **해석** 그들은 많은 양의 음식들을 가난한 사람들에게 기부한다.
① 질, 품질, (사람의) 자질
② 양, 수량
③ 조사, 심문
④ 세대, 발생
⑤ 대화

9 **해석** 〈보기〉 wealth: 부, 부유함
(1) 그 소년들은 먼 곳에서 지켜보았다.
(2) 그들은 총 경비를 줄여야 한다.

10 **해석** ① 초고, 초안: 아직 끝난 상태가 아닌 글
② 세대: 거의 같은 나이의 모든 사람
③ 사건, 사고: 발생하는, 특히 흔치 않은 어떤 일
④ 깊이: 무언가의 상단에서 하단까지의 거리
⑤ 인기(→ 인구, 개체 수): 특정한 지역이나 나라 등에 사는 사람들의 수

11 **해석** 한글은 조선 왕조 시대에 세종대왕에 의해 창제되었다.
① 제한, 한계
② 윤곽, 개요
④ 개념
⑤ 결석, 결근, 부재

12 **해설** version은 '판', '형태', '버전'이라는 의미로서 이와 의미가 가장 유사한 것은 ① edition(간행물의 판(版))이다.

해석 「West Side Story」의 새 버전은 Steven Spielberg에 의해 연출되었다.
② 부탁, 요청; 요청하다
③ 우려, 근심
④ 조각, 조각품
⑤ 다큐멘터리

13 해설 '매운'이라는 의미의 형용사는 spicy이므로 spice(향신료, 양념)를 spicy로 고쳐 써야 한다.

14 해설 그림에서 태국인들이 음식을 보면서 금을 떠올리고 있으므로 빈칸에 들어갈 말로는 '부', '부유함'이라는 의미의 wealth가 알맞다.

해석 이 후식들의 색인 노랑 혹은 금색은 태국 문화에서 <u>부유함</u>을 상징한다.
① 신화
③ 가난, 빈곤
④ (신문, 잡지의) 글, 기사
⑤ 주제, 테마, 요지

15 해석 (1) <u>가치</u>: 무언가가 가치 있는 정도
(2) <u>인상</u>: 누군가 혹은 무언가에 대해 얻은 생각, 느낌 또는 의견

16 해석 나는 너의 좋은 <u>태도</u>가 마음에 들어; 너는 항상 긍정적인 면을 보는구나.
(= 무언가에 대해 생각하거나 느끼는 방식)
① 액체; 액체의, 유동성의
② 조사, 심문
③ 청중, 관중
⑤ 문서

2주 4일 교과서 대표 전략 ❷

pp. 62~63

1 ② 2 ④ 3 ① 4 (1) value (2) weakness
(3) length 5 ③ 6 ③

1 해석 어떤 사람이나 사물에게 이익을 주는 자질: ② 힘, 강점, 장점
① 조사, 심문
③ 인상, 감명, 감동
④ 약점
⑤ 대화

2 해석 무언가의 바깥쪽 가장자리에 의해 만들어진 모양: ④ 윤곽
① 지역, 지방
② 깊이
③ 부탁, 요청; 요청하다
⑤ 다큐멘터리

3 해설 suspect의 영영 풀이로 알맞은 것은 ① '죄가 있다고 여겨지는 사람'이다.

해석 그는 <u>용의자</u>를 만나서 몇 가지 질문을 했다.
② 많은 사람에게 호감을 얻는 상태(popularity)
③ 잡지나 신문에 실린 글(article)
④ 무언가를 하는 데 필요한 기술이나 자질(ability)
⑤ 극장에 앉아서 공연을 보는 사람들(audience)

© Atstock Productions / Shutterstock

4 해설 (1) '가치'라는 의미의 단어는 value이다.
(2) '약점'이라는 의미의 단어는 weakness이다.
(3) '길이'라는 의미의 단어는 length이다.

5 해설 ③ 강아지가 꼬리를 흔든다는 내용이므로 tale(이야기, 소설)을 '꼬리'라는 의미의 명사인 tail로 고쳐 써야 한다.

해석 ① 그 새의 깃털은 <u>인상적</u>이었다.
② 그 외국인들은 한국의 공예품에 관심이 있었다.
③ Bingo는 항상 나의 아버지께서 집에 오시면 <u>소설(→ 꼬리)</u>을 흔든다.
④ 그들은 케이팝 음악에 관한 <u>다큐멘터리</u>를 제작했다.
⑤ 그녀는 그 만화의 <u>주제</u> 의상을 입고 나타났다.

6 해설 바로 뒤에 이어지는 애완동물 가게 주인의 말에서 그 앵무새가 피아노를 칠 수 있어 특별하다고 했으므로 질문의 빈칸에 들어갈 말로 ③ expensive(비싼, 고가의)가 들어가는 것이 적절하다.

지문 해석 어느 날 Abril은 앵무새를 사러 애완동물 가게에 갔다.
"이 파란색 앵무새는 얼마예요?" 그녀가 물었다.
애완동물 가게 주인은 "가격은 2,000달러란다."라고 말했다.
"왜 이렇게 비싸요?" Abril이 물었다.
"이 앵무새는 아주 특별한 앵무새란다. 그것은 피아노를 연주할 수 있어!"
"녹색 앵무새는 어때요?" 그녀가 물었다.
"그건 피아노를 연주하고 그림을 그리고 줄넘기도 할 수 있기 때문에 5,000달러란다."

해석 ① 먼, 멀리 떨어진
② 비용, 경비
④ 가치 있는, 귀중한, 소중한
⑤ 우려하는, 신경 쓰는

© Red_deer_1 / Shutterstock

2주 누구나 합격 전략 pp. 64~65

1 ③   2 ④   3 (i)ncident   4 (1) limit   (2) poverty
5 ②   6 tail   7 ②

1 해설 ③은 형용사, 나머지는 명사이다.

해석 ① (신문, 잡지의) 글, 기사
② 부, 부유함
③ 부재의, 없는, 결석한
④ 윤곽, 개요
⑤ 세대, 발생

2 해설 '청중', '관중'이라는 의미의 명사는 audience이다.

해석 ① 가치; 가치 있게 생각하다, 평가하다
② 주제, 테마, 요지
③ 용의자
⑤ 인상, 감명, 감동

3 해석 발생하는, 특히 흔치 않은 어떤 일: 사건, 사고

4 해설 (1) '한계'라는 의미의 명사는 limit이다.
(2) '가난'이라는 의미의 명사는 poverty이다.

해석 〈보기〉 length: 길이, 기간, 거리

5 해설 ②의 단어는 유의어 관계이고 나머지는 모두 '명사 – 형용사'의 파생어 관계이다.

해석 ① 향신료, 양념 – 매운, 매콤한
② 동상, 조각상 – 조각, 조각품
③ 거리, 먼 곳 – 먼, 멀리 떨어진
④ 우려, 근심 – 우려하는, 신경 쓰는
⑤ 산업 – 산업의, 공업의

6 해설 글의 흐름상 괴물의 신체를 묘사하는 내용이 되어야 하므로 네모 안에서 알맞은 단어는 '꼬리'라는 의미의 tail이다. / tale: 이야기, 소설

지문 해석 오늘날 캘리그래피는 우리 주변에서 널리 쓰이고 있다. 여러분은 영화 포스터, 책 표지, 음악 CD, 그리고 의류에서 디자이너들의 예술적인 손길을 발견할 수 있다. 아래에 몇 가지 예들이 있다. 영화 포스터의 제목을 보라. 어떤 느낌이 드는가? 괴물의 커다란 입, 날카로운 이빨, 그리고 추하고 긴 꼬리를 상상할 수 있는가? 공상 소설의 제목은 어떠한가? Harry의 번개와 마술사 모자가 보이는가?

7 해설 글의 흐름상 Euclid가 같은 '길이'의 세 변을 가진 삼각형을 어떻게 그리는지 보여주었다는 의미가 자연스러우므로 빈칸에 알맞은 단어는 ② length(길이)이다.

지문 해석 유클리드는 프톨레마이오스 1세(Ptolemy I)가 이집트의 왕이었을 때 알렉산드리아 도서관에서 수학을 가르쳤다. 사람들은 그를 '수학의 아버지'라고 부른다. 그는 같은 길이의 세 변을 가진 삼각형을 어떻게 그리는지를 보여주었다. 그는 또한 한 삼각형 안에서 가장 큰 원의 중심을 어떻게 찾는

지도 보여주었다. 어느 날, 프톨레마이오스 1세가 "수학을 공부하는 더 쉬운 방법이 있나요?"라고 물었다. 유클리드는 "배움에 왕도는 없습니다."라고 응답했다.

해석 ① 깊이
③ 판, 형태, 버전
④ 비용, 경비
⑤ 개념

© Iveekam / Shutterstock

C

공예, 수공예	세대, 발생	신화
craft	generation	myth

가치	양, 수량	산업
value	quantity	industry

![2주] **창의·융합·코딩 전략 ❶** pp. 66~67

A 1. **absence** ⓐ 종교

2. **distance** ⓑ 우려하는, 신경 쓰는

3. **depth** ⓒ 결석, 결근, 부재

4. **religion** ⓓ 거리, 먼 곳

5. **concerned** ⓔ 깊이

B 1. concerned 2. depth

3. absence

어휘 wonder 궁금해하다   lake 호수

![2주] **창의·융합·코딩 전략 ❷** pp. 68~69

D 1. theme : 주제, 테마, 요지

2. distant : 먼, 멀리 떨어진

3. strength : 힘, 강점, 장점

4. liquid : 액체; 액체의

5. edition : 간행물의 판(版)

6. impressive : 인상적인

E

1. strengths
2. impressive
3. theme

어휘 quite 꽤, 무척

F

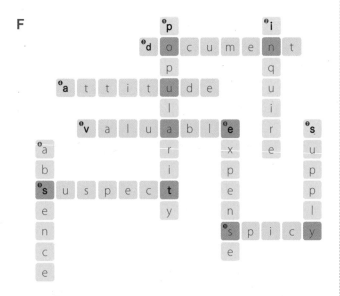

해석 [Across]
❸ 공식적인 정보가 들어 있는 종이 ➡ 문서
❾ 죄가 있다고 여겨지는 사람 ➡ 용의자
❿ 우려, 근심 : 우려하는, 신경 쓰는 = 향신료, 양념 : 매운, 매콤한

[Down]
❼ 액체; 액체의, 유동성의 : 고체; 고체의, 단단한 = 요구, 수요 : 공급, 물품, 보급(품)
❽ 무언가의 결핍 ➡ 부재

신유형·신경향·서술형 전략   pp. 72~75

1 (A) admit (B) criticize   2 locate(d)
3 (A) obtain   (B) loosen
4 (1) exhibit(ed) (2) elect(ed)   5 incident
6 popularity   7 (A) wealth (B) edition
8 (1) request (2) quality

1 해설 (A) deny(부인하다, 부정하다, 거부하다)와 반대되는 말은 admit(인정하다)이다.
(B) blame(비난하다, ~의 탓으로 돌리다)과 유의어 관계에 있는 단어는 criticize(비난하다)이다.

해석 decide: 결정하다, 결심하다
invade: 침입하다, 침략하다, 침해하다

2 해석 누군가 혹은 무언가의 정확한 위치를 찾다
그 건물은 한강 근처에 위치하고 있다.

3 해설 (A) gain(얻다, 획득하다)과 유의어 관계에 있는 단어는 obtain이다.
(B) fasten(매다, 잠그다, 고정시키다)과 반의어 관계에 있는 단어는 loosen(풀다, 느슨하게 하다)이다.

해석 support: 돕다, 지원하다, 지지하다
improve: 향상하다, 개선되다
announce: 발표하다, 알리다
conclude: 결론 짓다, 끝내다

4 해석 (1) 그들은 거리 벽에 그들의 그림을 전시했다.
(2) 그녀는 그 회사의 첫 번째 여성 대표로 선출되었다.

5 해설 statue와 sculpture는 유의어 관계이다. 따라서 빈칸에 들어갈 말로는 accident(사건, 사고)와 유의어 관계인 incident가 들어가는 것이 알맞다.

6 해석 메타버스라는 단어의 인구(→ 인기)가 증가하고 있다.

© Getty Images Korea

7 해설 (A) poverty(가난, 빈곤)와 반대되는 말은 wealth(부, 부유함)이다.
(B) version(판, 형태, 버전)과 유의어 관계에 있는 단어는 edition(간행물의 판(版))이다.

해석 impression: 인상, 감명, 감동
generation: 세대, 발생

suspect: 용의자
industry: 산업

8 해설 (1) 그들은 더 많은 도움을 요청했다.
(2) 그들은 전 세계에서 온 높은 품질의 제품을 추천한다.

적중 예상 전략 | ❶
pp. 76~79

1 ④ 2 ① 3 (e)ntertain 4 ⑤ 5 denied
6 ② 7 (1) constructed (2) dripping 8 ④
9 (c)laim 10 (e)xhibited 11 ③ 12 (1) promote
(2) admit (3) install 13 support 14 ⑤ 15 ④
16 ④ 17 examine 18 decided 19 ⑤

1 해설 거리나 시간이 가까워지다: ④ ~에 접근하다, 다가가다

해석 ① 목표로 하다
② 주장하다, 요구하다; 주장, 청구
③ 설치하다
⑤ 위협하다, 협박하다, ~의 조짐이 있다

2 해설 나머지는 모두 파생어 관계이지만 ①은 유의어 관계이다.

해석 ① 얻다, 획득하다
② (건물 등이) 위치하다, 위치를 찾아내다 – 장소, 위치
③ 통치하다, 지배하다 – 정부
④ 공연하다, 수행하다 – 공연, 수행, 성과
⑤ 검사하다, 조사하다 – 조사, 검사, 검토

3 해석 누군가를 재미있게 해 주다: 즐겁게 하다, 대접하다

4 해설 '다른 사람들과 함께 어떤 활동을 하다'라는 의미의 동사는 participate(참가하다, 참여하다)이다. 또한, 빈칸 뒤에 전치사 in이 나왔고, participate in은 '~에 참여하다'라는 의미이므로 빈칸에 들어갈 말로는 ⑤ participate가 알맞다.

해석 그들은 학급 활동에 전혀 참여하지 않는다.
① ~을 움켜쥐다, 붙잡다
② 지우다
③ 익사하다, 물에 빠지다
④ 침입하다, 침략하다, 침해하다

어휘 classroom activity 학급 활동

5 해설 그림 속에서 용의자가 자신이 범행 현장에 있었다는 것을 부인하고 있으므로 네모 안에 알맞은 단어는 denied(부인했다, 부정했다, 거부했다)이다.

해석 그 용의자는 자신이 범죄 현장에 있었다는 것을 부인했다.
admit 인정하다

6 해설 criticize는 '비난하다'라는 의미이므로 이와 바꾸어 쓸 수 있는 동사는 ② blame(비난하다, ~의 탓으로 돌리다)이다.

해석 불쌍한 아이에 관한 그 가짜 뉴스는 많은 사람에게 비난받았다.
① 선출하다
③ 연상하다, 결부 짓다, 사귀다
④ 향상하다, 개선되다
⑤ 계속되다, 계속하다

7 해설 (1) 우아한 집이 '지어졌다'라는 의미가 되어야 하므로 빈칸에 들어갈 말로는 constructed((건물, 다리, 배 등을) 건설하다)가 알맞다.
(2) 천장에서 물이 떨어지고 있으므로 빈칸에 들어갈 말로는 dripping(방울방울 흐르다, 뚝뚝 떨어지다)이 알맞다.

해석 〈보기〉 display: 전시하다, 보여주다

© Breadmaker / Shutterstock

8 해설 대화의 흐름상 안과에 진료 예약을 하고 있으므로 빈칸에 들어갈 말로는 ④ appointment(약속, 임명, 지명)가 알맞다.

해석 A: 안녕하세요, Bright 안과입니다. 무엇을 도와드릴까요?
B: 안녕하세요. 전 오늘 오후에 진료 예약을 해야 해요.
A: 성함이 어떻게 되세요?
B: 제 이름은 홍채빈이에요.
A: 어떤 문제가 있으신가요?
B: 눈이 아파요.
① 소화, 소화력
② 결론, 결말
③ 조직, 기구, 구성, 구조
⑤ 발표, 공고

9 해설 '주장하다', '요구하다', '주장', '청구'라는 의미의 단어는 claim이다. / file a claim: 청구하다

해석 (1) 그는 그가 지난밤에 그 소년을 보았다고 주장했다.
(2) 그들은 그 보험 회사에 (보험금을) 청구했다.

어휘 insurance 보험

10 해설 이 문장에서 display는 '전시하다'라는 의미로 쓰였으므로 이와 바꾸어 쓸 수 있는 단어는 exhibit(전시하다)이다.

해석 그 박물관은 이 꽃병을 미술관에 전시했다.

11 해설 의미상 너무 많이 먹어서 벨트를 '풀었다'라는 의미가 되어야 하므로 빈칸에 들어갈 말로 알맞은 것은 ③ loosen(풀다, 느슨하게 하다)이다.

해석 Andy는 너무 많이 먹어서 그의 벨트를 풀어야 했다.
① 얻다, 획득하다
② 매다, 잠그다, 고정시키다
④ 알아보다, 인정하다
⑤ 경작하다, 재배하다, 기르다

12 해설 (1) 무언가를 광고하다: 홍보하다, 촉진하다, 승진시키다
(2) 자신이 무언가 나쁜 일을 했다고 동의하다: 인정하다
(3) 장비를 어딘가에 놓고 사용할 준비가 되게 하다: 설치하다

해석 〈보기〉 examine: 검사하다, 조사하다
rob: 훔치다, 강탈하다, 빼앗다
approach: ~에 접근하다, 다가가다

13 해설 대화의 흐름상 어떤 팀을 응원하는지 묻는 것이 자연스러우므로 suppose(가정하다, 추측하다)를 support(돕다, 지원하다, 지지하다)로 고쳐 써야 한다.

해석 A: 너는 어떤 팀을 가정하니(→ 응원하니)?
B: Blue 팀.

© Monkey Business Images / Shutterstock

14 해설 ⑤ elect는 '선출하다'라는 의미이다.

해석 ① 그녀의 프랑스어 실력이 향상되었다.
② 그녀는 놀라서 휴대 전화를 떨어뜨렸다.
③ 기후 변화는 전 세계의 빙하에 영향을 준다.
④ 그녀는 Walt Whitman의 시로 그녀의 연설을 끝마쳤다.
⑤ 그는 미국의 대통령으로 선출된 첫 번째 흑인이었다.

15 해설 '임명하다', '(시간, 장소 등을) 정하다'라는 의미의 동사는 ④ appoint이다.

해석 · Anderson 씨는 새 의장으로 임명되었다.
· 우리는 다음 회의를 위한 날짜와 시간을 정했다.
① 비난하다, ~의 탓으로 돌리다; 비난, 책임
② 통치하다, 지배하다
③ 매다, 잠그다, 고정시키다
⑤ 연상하다, 결부 짓다, 사귀다

16 해설 영영 풀이에 해당하지 않는 단어는 ④이다. register(등록하다, 신고하다)의 영영 풀이는 to put information about somebody or something on the list(누군가 혹은 무언가의 정보를 목록에 넣다)이다.

해석 ⓐ 무언가를 계획하거나 배열하다: organize(조직하다, 구성하다)
ⓑ 무언가에 의해 일어나는 변화나 결과: effect(영향, 결과, 효과)
ⓒ 누군가 혹은 무언가의 정확한 위치를 찾다: locate((건물 등이) 위치하다, 위치를 찾아내다)
ⓓ 다른 가능성에 대해 생각한 후에 무언가를 선택하다: decide (결정하다, 결심하다)

17 해설 의사가 환자를 '검사한다'라는 의미가 되어야 하므로 명사인 examination을 동사 형태인 examine으로 고쳐 써야 한다.

해석 의사는 몇 가지 질문을 하고 환자를 검사(→ 검사할) 것이다.

어휘 patient 환자

[18-19] 지문 해석 오늘 국제올림픽위원회(IOC)는 동계올림픽을 중단하기로 결정했습니다. 지구 온난화로 인해 전 세계 어느 곳에서도, 심지어 높은 산에서조차도 눈이나 얼음을 보는 것은 정말 어렵습니다. 위원회에 따르면, 지구 온난화 문제가 계속되면 동계올림픽은 결코 돌아오지 않을 것입니다.

어휘 International Olympic Committee 국제올림픽 위원회(IOC)
anywhere 어디든지
global warming 지구 온난화
according to ~에 따르면
return 돌아오다

18 해설 국제올림픽위원회(IOC)가 동계올림픽을 중단하기로 '결정했다'라는 의미가 자연스러우므로 빈칸 (A) 안에 들어갈 말로는 decided(결정했다, 결심했다)가 알맞다.

해석 〈보기〉selected: 선택했다, 선정했다
criticized: 비난했다

19 해설 글의 흐름상 지구 온난화가 '계속된다면' 동계올림픽은 결코 돌아오지 않을 것이라는 의미가 되는 것이 자연스러우므로 빈칸 (B)에 들어갈 말로 가장 알맞은 것은 ⑤ continue (계속되다, 계속하다)이다.

해석 ① 비난하다, ~의 탓으로 돌리다; 비난, 책임
② 인정하다
③ 나타내다, 대표하다
④ 홍보하다, 촉진하다, 승진시키다

적중 예상 전략 | ②　　　　pp. 80~83

1 ②　2 ⑤　3 (a)udience　4 ⑤　5 (A) liquid
(B) solid　6 ④　7 (1) demand(s) (2) draft　8 ⑤
9 (a)bsent　10 (s)tatue　11 ③　12 (1) outline
(2) valuable (3) population　13 lyrics　14 ⑤
15 ④　16 ①　17 quality　18 ③　19 ②

1 해설 '무언가가 한쪽 끝에서 다른 쪽 끝까지 얼마나 긴지 측정한 것'이라는 의미의 명사는 ② length(길이, 기간, 거리)이다.

해석 ① 깊이
③ 질, 품질, (사람의) 자질

④ 양, 수량
⑤ 인기

2 해설 ⑤는 둘 다 명사이지만 나머지는 모두 '명사 – 형용사' 관계의 단어들이다.

해석 ① 향신료, 양념 – 매운, 매콤한
② 거리, 먼 곳 – 먼, 멀리 떨어진
③ 비용, 경비 – 비싼, 고가의
④ 산업 – 산업의, 공업의
⑤ 문서 – 다큐멘터리

3 해석 극장에 앉아서 공연을 보는 사람들: 청중, 관중

4 해설 '누군가 혹은 무언가에 대해 얻은 생각, 느낌 또는 의견'이라는 의미의 명사는 ⑤ impression(인상, 감명, 감동)이다.

해석 그 마을은 좋은 인상을 주었다.
① 능력, 재능
② (신문, 잡지의) 글, 기사
③ 윤곽, 개요
④ 인상적인

5 해설 물은 얼면서 '액체'에서 '고체'로 변한다는 의미가 되어야 하므로 각각 (A) liquid(액체)와 (B) solid(고체)가 알맞다.

해석 물은 얼 때 (A) 액체에서 (B) 고체로 변한다.

6 해설 incident는 '사건', '사고'라는 의미이므로 이와 유의어 관계에 있는 명사는 ④ accident이다.

해석 그 사고는 짙은 안개 때문에 발생했다.
① 부탁, 요청; 요청하다
② 개념
③ 태도
⑤ 대화

7 해설 (1) '요구'라는 의미의 명사는 demand(요구, 수요)이다.
(2) '초안'이라는 의미의 명사는 draft(밑그림, 초고, 초안)이다.

해석 〈보기〉limit: 제한, 한계

8 해설 대화에서 평생 반고흐를 지지한 그의 남동생에 관한 책을 소개하고 있으므로 빈칸에 들어갈 말로는 ⑤ impressive (인상적인)가 알맞다.

해석 A: 미나야, 주말 어떻게 보냈니?
B: 좋았어. 나는 Vincent van Gogh와 그의 남동생 Theo 에 관한 책을 읽었어.
A: 오, 멋지네. 그 책은 어땠니?
B: 아주 좋았어. Theo는 평생 Vincent에게 편지를 쓰고 그를 지지해 주었어.
A: 오, 그거 인상적이구나.
① 매운, 매콤한
② 먼, 멀리 떨어진
③ 우려하는, 신경 쓰는
④ 비싼, 고가의

어휘 lifetime 평생

9 해설 '결석한', '없는'이라는 의미의 단어는 absent이다.

해석 (1) 그녀가 어렸을 때, 그녀는 학교에 자주 결석했다.
(2) 몇몇 국가들에서는 눈이 오지 않는다.

어휘 regularly 규칙적으로, 자주

10 해설 sculpture는 '조각', '조각품'이라는 의미의 명사로서 이와 바꾸어 쓸 수 있는 말은 statue(동상, 조각상)이다.

해석 「Venus de Milo」는 가장 유명한 조각품 중 하나이다.

11 해설 수화물에 무게 '제한'이 있다는 의미가 되어야 하므로 빈칸에 들어갈 말로 알맞은 것은 ③ limit(제한)이다.

해석 수화물에는 무게 제한이 있다.
① 일, 과제, 과업
② 태도
④ 거리, 먼 곳
⑤ 용의자

12 해설 (1) 무언가의 바깥쪽 가장자리에 의해 만들어진 모양: 윤곽
(2) 아주 유용하거나 중요한: 가치 있는, 귀중한, 소중한
(3) 특정한 지역이나 나라 등에 사는 사람들의 수: 인구, 개체 수

해석 〈보기〉 theme: 주제, 테마, 요지

popularity: 인기
weakness: 약점

13 해설 사진에서 오케스트라가 연주하고 있으므로 '가사'가 없는 음악을 좋아하지 않는다는 내용이 자연스럽다. 따라서 rhythms(리듬, 박자)를 lyrics(가사)로 고쳐 써야 한다.

해석 A: 나는 박자(→ 가사)가 없는 음악을 좋아하지 않아.
B: 나도 그래. 그것들은 지루해.

© Getty Images Korea

14 해설 ⑤ region은 '지역', '지방'이라는 의미이며 '종교'를 의미하는 명사는 religion이다.

해석 ① 그 국은 너무 매웠다.
② 화석 연료의 공급은 한계가 있다.
③ 그 웨이터는 내가 후식을 먹을 준비가 되었는지 물었다.
④ 그 공연은 오래된 한국 설화를 바탕으로 한 것이다.
⑤ 그 지역은 극도로 추운 환경으로 잘 알려져 있다.

15 해설 '장점', '힘'이라는 의미의 명사는 ④ strength이다.

해석 • 나의 장점은 나의 긍정적인 태도이다.
• 나는 서 있을 힘이 없었다.
① 신화
② 우려, 근심
③ 판, 형태, 버전
⑤ 약점

16 해설 영영 풀이에 해당하지 않는 단어는 ①이다. craft(수공예)의 영영 풀이는 an activity in which you make things with your hands(손으로 물건을 만드는 활동)이다.

해석 ⓐ 무언가에 대해 요청하는 행위: request(부탁, 요청)
ⓑ 거의 같은 나이의 모든 사람: generation(세대)
ⓒ 잡지나 신문에 실린 글: article((신문, 잡지의) 글, 기사)
ⓓ 무언가에 대한 사실을 알려 주는 영화나 텔레비전 프로그램: documentary(다큐멘터리)

17 해설 의미상 집안의 공기 '질'이 외부보다 더 안 좋을 수도 있다는 의미가 되어야 하므로 quantity(양, 수량)를 quality(질, 품질, (사람의) 자질)로 고쳐 써야 한다.

해석 여러분 가정의 공기량(→ 공기 질)은 외부보다 더 안 좋을 수 있습니다.

18 해설 글의 흐름상 조선 왕조 '시대'에 창작된 작품이라는 의미가 자연스러우므로 빈칸에 들어갈 말로 가장 알맞은 것은 ③ period(기간, 시기, 시대)이다.

지문 해석 캘리그래피는 새로운 것이 아니다. 오래전의 다양한 종류의 많은 캘리그래피 작품들을 세계 곳곳에서 찾아볼 수 있다. 아래에 있는 한국과 영국의 두 사례를 보라. 여러분은 그 차이를 구별할 수 있는가? 왼쪽 작품은 조선 왕조 시대에 추사에 의해 창작되었다. 그 글자들은 부드러운 붓으로 그려졌다.

해석 ① 일, 과제, 과업
② 가치; 가치 있게 생각하다, 평가하다
④ 사건, 사고
⑤ 기념일

어휘 calligraphy 캘리그래피　below 아래에
create 창작하다　dynasty 왕조　character 문자
brush 붓

19 해설 글의 흐름상 호주 사람인 Jan Coveney가 한국의 한지 '공예'에 관심을 가지고 작업해 왔다는 내용이 되어야 하므로 빈칸에 공통으로 알맞은 말은 ② craft(공예, 수공예)이다.

지문 해석 호주 멜버른에서 열리는 한국 문화 축제에 오신 것을 환영합니다. Jan Coveney는 사람들에게 그녀의 예술 작품을 보여주고 있습니다. 그녀는 호주 사람입니다. 그녀는 한국에 있을 때 한국 한지 공예에 관심이 있었습니다. 그녀는 약 20년 동안 한지 공예를 해 왔습니다. 그녀는 많은 사람들에게 한지 공예를 만드는 방법을 가르칩니다.
"한국 미술은 멋진 것 같아요."

해석 ① 밑그림, 초고, 초안
③ 향신료, 양념
④ 산업
⑤ 문서

어휘 festival 축제
Australian 호주 사람

영어전략 **정답과 해설**

BOOK 2

정답과 해설

1주 동사 2

해석 ❶ 나는 바닥의 먼지를 제거하고 있어.

해석 ❷ 혼자 많은 양의 자료를 관리하는 것은 어려워요.

해석 ❸ 그 결과는 우리의 추측이 틀렸다는 것을 나타내.

해석 ❹ 아침에 왜 미나를 칭찬하셨어요?

1주 1일 개념 돌파 전략 ❶　　　　　pp. 8~11

1-1 prefer(s)
1-2 (1) avoids　(2) defeated　(3) consists
2-1 warn(s)
2-2 (1) quit　(2) appeal　(3) seeking
3-1 remove(s)
3-2 (1) glanced　(2) occur　(3) admired
4-1 assign
4-2 (1) indicates　(2) repay　(3) instructed

1주 1일 개념 돌파 전략 ❷　　　　　pp. 12~13

A 1. ~을 더 좋아하다
　2. 그만두다
　3. 감탄하다, 존경하다
　4. 없애다, 제거하다
　5. 추구하다, 찾다, 모색하다
　6. 갚다, 보답하다
　7. 피하다, 회피하다
　8. 물리치다, 패배시키다
　9. 나타내다, 가리키다
　10. 경고하다
　11. 발생하다, 일어나다
　12. 지시하다, 교육하다
　13. 할당하다, 배정하다
　14. 흘끗 보다, 대충 훑어보다
　15. (~으로) 이루어져 있다, 구성하다
　16. 간청하다, 호소하다

B 1. instruct　2. seek　3. defeat　4. consist
　5. prefer　6. admire　7. warn　8. occur
　9. indicate　10. glance　11. quit　12. assign
　13. appeal　14. avoid　15. repay　16. remove

C 1. ③　2. ①　3. ①

D 1. ②　2. ③　3. ②

C 해석 1. 싱가포르와 런던 중 어느 도시를 더 좋아하니?
① (~으로) 이루어져 있다, 구성하다
② 지시하다, 교육하다
2. 중요한 행사들을 잊는 것을 피하기 위해, 나는 핸드폰에 알림을 설정하였다.
② 물리치다, 패배시키다
③ 그만두다
3. 내가 사진을 찍느라 바쁜 반면, 나의 친구는 예술 작품의 기법에 감탄하고 있었다.
② 없애다, 제거하다
③ 경고하다

D 해석 1. 사람들로 하여금 특정한 방식대로 무언가를 하도록 요청하다: ② 간청하다, 호소하다
① (~으로) 이루어져 있다, 구성하다
③ 갚다, 보답하다
2. 보여주거나 확실히 하다: ③ 나타내다, 가리키다
① 추구하다, 찾다, 모색하다
② 감탄하다, 존경하다
3. 특히 공식적인 방법으로, 누군가에게 무언가를 하라고 말하다: ② 지시하다, 교육하다
① 발생하다, 일어나다
③ 할당하다, 배정하다

![필수 체크 전략 ❶] 1주 2일 pp. 14~17

필수 예제 1	(1) amaze (2) content (3) compete (4) annoy (5) confused
확인 문제 1-1	(1) ○ (2) ×
확인 문제 1-2	(1) (e)xhaust (2) (a)nnoy (3) (c)onfuse

[확인 문제 1-1]
해설 (1) content는 '내용(물)', '목차'라는 의미이므로, 우리말에 맞는 표현이다.
(2) compete는 '경쟁하다', '겨루다'라는 의미이므로, 우리말과 맞지 않는다. 따라서 compare(비교하다, 견주다)로 고쳐 써야 한다.

[확인 문제 1-2]
해설 (1) 지치게 하다: 누군가를 매우 피곤하게 만들다
(2) 짜증 나게 하다, 귀찮게 하다: 누군가를 화가 나거나 불편하게 만들다
(3) 혼란시키다: 무언가를 이해하기 어렵게 만들다

필수 예제 2	(1) insert (2) encourage (3) cure (4) education (5) delivery
확인 문제 2-1	(1) × (2) ○
확인 문제 2-2	(1) (d)iscourage (2) (c)ounsel (3) (d)eliver

[확인 문제 2-1]
해설 (1) insult는 '모욕하다', '창피 주다'라는 의미이므로, 우리말과 맞지 않는다. 따라서 insert(끼워 넣다)로 고쳐 써야 한다.
(2) care는 '관심을 가지다', '걱정하다'라는 의미이므로, 우리말에 맞는 표현이다.

[확인 문제 2-2]
해설 (1) 낙담시키다: 누군가로 하여금 덜 확신하게 만들다
(2) 상담하다, 조언하다: 누군가에게 그들의 문제에 대해 도움을 주다
(3) 배달하다: 특정한 장소로 무언가를 가져가다

![필수 체크 전략 ❷] 1주 2일 pp. 18~19

1 ⑤ **2** delivery **3** ① **4** ① **5** counsel

1 해설 ⑤는 명사, 나머지는 동사이다.

해석 ① 놀라게 하다
② 혼란시키다
③ ~이 함유되어 있다, (감정을) 억누르다, 참다
④ 낙담시키다, 용기를 잃게 하다
⑤ 교육, 교육 기관

2 **해설** delivery: 배달, 전달, content: 내용(물), 목차

해석 나는 내일 새로운 옷 배달을 받을 것이라고 예상한다.

3 **해설** annoy는 '짜증 나게 하다', '귀찮게 하다'라는 의미로
① bother(괴롭히다)과 의미가 유사하다.

해석 밤늦게까지 노래를 부르는 것은 너의 이웃들을 짜증 나게 할지도 모른다.
② 경쟁하다, 겨루다
③ 상담하다, 조언하다
④ 다 써 버리다, 지치게 하다
⑤ 격려하다, 용기를 북돋우다

4 **해설** care는 '관심을 가지다', '걱정하다'라는 의미의 동사로, care about은 '~에 관심이 있다'라는 의미이다.

해석 ② cure: 치료하다, 치유하다
③ careful: 주의 깊은
④ confuse: 혼란시키다
⑤ compare: 비교하다, 견주다

5 **해설** 그림 속 표정이 어두운 여자에게 남자가 말하는 것으로 보아 counsel(상담하다, 조언하다)로 고쳐 쓰는 것이 자연스럽다.

해석 〈보기〉 exhaust: 다 써 버리다, 지치게 하다
contain: ~이 함유되어 있다, (감정을) 억누르다, 참다
deliver: 배달하다
그는 그녀에게 친구들과 잘 지내는 방법에 대해 끼워 넣었다
(→ 조언했다).

1주 3일 필수 체크 전략 ❶   pp. 20~23

> **필수 예제 3** (1) manage (2) forecast (3) owe
> (4) fire (5) advertisement
> **확인 문제 3-1** (1) × (2) ○
> **확인 문제 3-2** (1) (f)ire (2) (m)anager (3) (a)dvertise

확인 문제 3-1
해설 (1) owe는 '빚을 지다', '신세를 지다'라는 의미이므로, 우리말과 맞지 않는다. 따라서 own(소유하다; 자신의)으로 고쳐 써야 한다.
(2) foresee는 '예견하다', '예측하다'라는 의미이므로, 우리말에 맞는 표현이다.

확인 문제 3-2
해석 (1) 해고하다: 누군가로 하여금 직장을 떠나게 만들다
(2) 관리자: 누군가 혹은 무언가를 통제하는 사람
(3) 광고하다: 무언가를 팔기 위해 널리 알려지도록 만들다

> **필수 예제 4** (1) operate (2) existence (3) prey
> (4) scold (5) devotion
> **확인 문제 4-1** (1) × (2) ○
> **확인 문제 4-2** (1) (e)xist (2) (p)rey (3) (r)eserve

확인 문제 4-1
해설 (1) praise는 '칭찬하다'라는 의미이므로, 우리말과 맞지 않는다. 따라서 scold(꾸짖다, 잔소리하다)로 고쳐 써야 한다.
(2) devote는 '(시간, 재산, 노력 등을) 바치다', '헌신하다'라는 의미이므로, 우리말에 맞는 표현이다.

확인 문제 4-2
해석 (1) 존재하다: 어떤 장소에 있다
(2) 먹이: 다른 동물에 의해 식량의 목적으로 죽임을 당한 생명체
(3) 예약하다: 미래에 이용할 수 있도록 무언가를 요청하다

1 ④　2 manage　3 ④　4 ③　5 operate

1 해설 ④는 명사, 나머지는 동사이다.

해석 ① 기도하다
② 꾸짖다, 잔소리하다
③ (시간, 재산, 노력 등을) 바치다, 헌신하다
④ 존재, 실재
⑤ 광고하다

2 해설 manage: 관리하다, operate: 운용하다, 작동하다, 수술하다

해석 매일 운동을 함으로써 너의 건강을 관리하는 것은 중요하다.

3 해설 forecast는 '예측하다', '예상하다'라는 의미로, ④ foresee (예견하다, 예측하다)와 의미가 유사하다.

해석 전문가들은 미래에 새로운 형태의 만화가 나올 것으로 예측한다.
① 빚을 지다, 신세를 지다
② 칭찬하다; 칭찬
③ 예약하다
⑤ 고용하다, 이용하다

4 해설 '광고하다'라는 의미의 동사는 advertise이며, 명사형은 advertisement(광고)이다.

해석 ① reserve: 예약하다
② employ: 고용하다, 이용하다
④ graduate: 졸업하다
⑤ advertisement: 광고

5 해설 그림 속 여학생이 새로운 컴퓨터의 작동법을 모르는 것

으로 보아, operate(작동하다)로 고쳐 쓰는 것이 자연스럽다.

해석 〈보기〉 foresee: 예견하다, 예측하다
devote: (시간, 재산, 노력 등을) 바치다, 헌신하다
scold: 꾸짖다, 잔소리하다
나는 이 새 컴퓨터를 어떻게 예약해야(→ 작동해야) 하는지 알지 못한다.

1 (1) graduation　(2) encourage　2 ⑤　3 employ
4 ③　5 ①　6 ⑤　7 (i)ndicates　8 ⑤
9 (1) compare　(2) contain(s)　(3) insult　10 ⑤
11 ④　12 ③　13 ⑤　14 ②　15 admire → warn
16 ①

1 해설 (1) (시간, 재산, 노력 등을) 바치다, 헌신하다 : 헌신, 몰두
= 졸업하다 : 졸업(식)
(2) 낙담시키다, 용기를 잃게 하다 : 격려하다, 용기를 북돋우다
= 꾸짖다, 잔소리하다 : 칭찬하다; 칭찬

2 해설 두 가지 혹은 그 이상의 것들 사이에서 차이점을 찾다: ⑤ 비교하다, 견주다
① 할당하다, 배정하다
② ~이 함유되어 있다, (감정을) 억누르다, 참다
③ 나타내다, 가리키다
④ 경쟁하다, 겨루다

3 해설 나는 좋은 직원을 고용하기를 기대하는 좋은 회사를 알고 있다.
fire: 해고하다

4 해설 공연장에 있는 모두가 그의 음악에 감탄했다.
① 할당하다, 배정하다
② 물리치다, 패배시키다
④ (~으로) 이루어져 있다, 구성하다
⑤ 지시하다, 교육하다

5 해설 compete는 '경쟁하다', '겨루다'라는 의미의 동사이다.

해석 ① 우리는 상을 위해 서로와 경쟁한다.
② 지난번 그 식당의 배달이 너무 늦었다.
③ 넓은 범위의 상품은 고객들을 혼란시킬지도 모른다.
④ 나는 내일 상담 프로그램을 위해 이 문서가 필요하다.
⑤ 지하철에서 시끄럽게 말하는 것은 다른 사람들을 짜증 나게 할지도 모른다.

6 해석 ⑤ 없애다, 제거하다: 누군가 혹은 무언가를 한 장소로부터 없애다
① 그만두다
② 갚다, 보답하다
③ 피하다, 회피하다
④ 흘끗 보다, 대충 훑어보다

7 해석 (1) 그 연구는 기술의 위험성을 나타낸다.
(2) 이 결과는 그 실험이 성공했는지 아닌지를 나타낸다.

8 해석 나의 쿠키들은 초콜릿, 달걀, 설탕 그리고 밀가루로 이루어져 있다.
① 모욕하다, 창피 주다
② 배달하다
③ ~이 함유되어 있다, (감정을) 억누르다, 참다
④ 내용(물), 목차

9 해석 (1) 너는 이 자료와 이전 자료를 비교해야 한다.
(2) 그 박물관은 귀중한 그림들을 많이 포함하고 있다.
(3) 만약 네가 내 부모님을 한 번 더 모욕한다면, 나는 너를 절대 용서하지 않을 것이다.

10 해설 ⑤는 -ment가 붙어 명사가 되고 나머지는 모두 -ion이 붙는다. -e로 끝나는 단어는 e를 뗀 후 -ion을 붙인다.

해석 ① (시간, 재산, 노력 등을) 바치다, 헌신하다
② 가르치다, 교육하다
③ 운용하다, 작동하다, 수술하다
④ 졸업하다
⑤ 광고하다

11 계획표를 만들어 시간 관리를 더 잘하고 싶다는 내용이 문맥상 자연스러우므로 빈칸에 들어갈 말은 ④ manage(관리하다)이다.

해석 A: 너는 왜 계획표를 만드니?
B: 나는 내 시간을 더 잘 관리하고 싶기 때문이야.
① 기도하다
② ~이 함유되어 있다, (감정을) 억누르다, 참다
③ 예약하다
⑤ 상담하다, 조언하다

12 해석 · 높은 비용을 피하기 위해, 몇몇 사람들은 값싼 재료들을 사용했다.
· 너는 방탄조끼를 착용함으로써 심각한 부상을 피할 수 있다.
① 치료하다, 치유하다
② 꾸짖다, 잔소리하다
④ 고용하다, 이용하다
⑤ 배달하다

13 해석 그는 지난 2년 간 편집자로 고용되어 왔다. (= 누군가로 하여금 당신을 위해 일하도록 하고 그것에 대해 그에게 대가를 지불하다)
① 해고하다
② 기도하다
③ 놀라게 하다
④ 관리하다
⑤ 고용하다, 이용하다

14 해석 몇몇 방문자들은 단지 몇 초 동안 그 조각품을 대충 훑어보았다.
① 모욕하다, 창피 주다
③ 괴롭히다
④ 가르치다, 교육하다
⑤ 다 써 버리다, 지치게 하다

15 해설 '경고하다'라는 의미의 동사는 warn이므로 admire(감탄하다, 존경하다)를 warn으로 고쳐 써야 한다.

16 해석 물리치다, 패배시키다: 전투, 싸움, 게임 등에서 누군가에게 저항하여 <u>이기다</u>
② 그만두다
③ 추구하다, 찾다, 모색하다
④ 피하다, 회피하다
⑤ 예약하다

 4일 **교과서 대표 전략 ❷** pp. 30~31

1 ② **2** ⑤ **3** ① **4** (1) warn(ed) (2) fire(d)
(3) graduate(d) **5** ① **6** ②

1 해설 (1) ④ remove
(2) ⑤ advertise
(3) ① own
(4) ③ care

해설 (1) 내 이름은 목록에서 <u>없어졌다</u>.
(2) 이 신발을 효과적으로 <u>광고하기</u> 위해서 우리는 무엇을 해야 할까?
(3) 그들은 너무 어려서 그들 <u>스스로</u> 방을 청소하지 못한다.
(4) 그녀는 가끔 나를 화나게 하지만, 우리는 서로를 <u>걱정한다</u>.

2 해설 ⑤ 기후 변화는 치료가 아닌 관심의 대상으로, care(관심을 가지다, 걱정하다)로 고쳐 쓰는 것이 자연스럽다.

해설 ① 그 땅은 정부 소유이다.
② 영화에서는, 놀라운 것들이 가능하다.
③ 비슷한 프로그램이 우리의 센터에도 <u>존재한다</u>.
④ 그녀는 춤 버전보다 피아노 버전을 <u>더 좋아한다</u>.
⑤ 그는 더 많은 사람이 기후 변화에 대해 <u>치료하길</u>(→ 관심을 가지길) 희망한다.

3 해설 consist ((~으로) 이루어져 있다, 구성하다)는 ① '특정한 것들로 구성되다'라는 의미의 동사이다.

해설 나의 아침 식사는 식빵 한 조각과 커피 한 잔으로 <u>이루어져 있다</u>.

② 다른 사람들보다 더 나아지려고 노력하다(compete)
③ 직장이나 학교를 영원히 떠나다(quit)
④ 나쁜 일이 발생하는 것을 막으려고 노력하다(avoid)
⑤ 무언가를 다른 무언가보다 더 좋아하다(prefer)

4 해설 (1) '경고하다'라는 의미의 단어는 warn이다.
(2) '해고하다'라는 의미의 단어는 fire이다.
(3) '졸업하다'라는 의미의 단어는 graduate이다.

5 해석 • 그녀는 새 부서에서 일하도록 배정되었다.
• 그들은 나를 문 근처의 자리에 배정했다.
② 감탄하다, 존경하다
③ 흘끗 보다, 대충 훑어보다
④ 괴롭히다
⑤ 다 써 버리다, 지치게 하다

6 해설 사람들이 턱수염을 가진 남자를 좋아하지 않았으므로, 문맥상 빈칸에 들어갈 알맞은 단어는 ② avoid(피하다, 회피하다)이다.

지문 해석 1830년에, Joseph이 매사추세츠에 있는 작은 마을로 이사한 후에 그는 어려움에 직면하기 시작했다. Joseph은 다른 사람들과 달라 보였다: 그는 긴 턱수염을 기르고 있었다. 사람들은 그것을 썩 좋아하지 않았다.
마을 사람들은 턱수염을 가진 그 남자를 <u>피했다</u>. 그들은 그의 옆에 앉고 싶어 하지 않았다. 그들은 심지어 그의 등 뒤에서 "그가 무엇을 숨기려는 거지?"라고 속삭였다.

해석 ① 추구하다, 찾다, 모색하다
③ 발생하다, 일어나다
④ 간청하다, 호소하다
⑤ 지시하다, 교육하다

1주 **누구나 합격 전략** pp. 32~33

1 ③ **2** ⑤ **3** (a)dmire **4** (1) seek (2) repay
5 ③ **6** own **7** ①

1 해설 '예약하다'라는 의미의 동사는 ③ reserve이다.

해석 ① 기도하다
② 존재하다, 생존하다
④ 운용하다, 작동하다, 수술하다
⑤ 졸업하다

2 **해설** ⑤는 명사, 나머지는 동사이다.

해석 ① 꾸짖다, 잔소리하다
② 상담하다, 조언하다
③ 관리하다
④ 고용하다, 이용하다
⑤ 배달, 전달

3 **해설** 무언가를 보고 그것의 아름다움을 생각하다: 감탄하다, 존경하다

4 **해설** (1) '찾다'라는 의미의 동사는 seek이다.
(2) '갚다', '보답하다'라는 의미의 동사는 repay이다.

해석 〈보기〉 annoy: 짜증 나게 하다, 귀찮게 하다

5 **해설** ③은 동사와 형용사 관계이고, 나머지는 모두 동사와 명사 관계이다.

해석 ① 존재하다, 생존하다 – 존재, 실재
② (시간, 재산, 노력 등을) 바치다, 헌신하다 – 헌신, 몰두
③ 다 써 버리다, 지치게 하다 – 다 써 버린, 지친, 기진맥진한
④ 예약하다 – 예약
⑤ 광고하다 – 광고

6 **해설** owe는 '빚을 지다', '신세를 지다'라는 의미이다.

지문 해석 누구든지 캘리그래피를 쓰기 시작할 수 있다. 처음부터 손으로 글씨를 잘 쓰기는 쉽지 않지만, 연습하면 완벽해진다. 계속해서 노력하고, 그것이 자신의 일상생활의 한 부분이 되게 하라. 생일 카드, 책갈피, 또는 선물에 느낌을 담아 써 보라. 곧 <u>자신만의</u> 캘리그래피 세계를 만들게 될 것이다.

7 **해설** 안데스산맥이 아시아 이외의 지역에 있는 가장 높은 산들 또한 포함하고 있다는 뜻으로 빈칸에 알맞은 말은 ① contain(~이 함유되어 있다)이다.

지문 해석 안데스산맥은 세계에서 가장 긴 산맥입니다. 여러

분은 그 산맥의 길이가 얼마인지 아시나요? 그것은 약 7,000 킬로미터입니다! 또한 그곳에는 아시아 이외의 지역에서 가장 높은 산들을 <u>포함하고</u> 있습니다.
남아메리카 인구의 3분의 1 정도가 안데스산맥에 살고 있습니다. 그곳에는 독특한 동물들이 많이 서식하고 있기도 합니다.

© Christian Wilkinson / Shutterstock

해석 ② 감탄하다, 존경하다
③ 내용(물), 목차
④ 없애다, 제거하다
⑤ 할당하다, 배정하다

1주 창의·융합·코딩 **전략 ❶** pp. 34~35

A 1. occur — ⓓ 발생하다, 일어나다
2. pray — ⓑ 기도하다
3. discourage — ⓔ 낙담시키다, 용기를 잃게 하다
4. defeat — ⓒ 물리치다, 패배시키다
5. counsel — ⓐ 상담하다, 조언하다

ⓐ 상담하다, 조언하다
ⓑ 기도하다
ⓒ 물리치다, 패배시키다
ⓓ 발생하다, 일어나다
ⓔ 낙담시키다, 용기를 잃게 하다

B 1. discourage 2. occur
3. defeated

어휘 failure 실패
earthquake 지진
vote 표

C

헌신, 몰두	존재하다, 생존하다	예약하다
devotion	exist	reserve

교육, 교육 기관	칭찬하다; 칭찬	꾸짖다, 잔소리하다
education	praise	scold

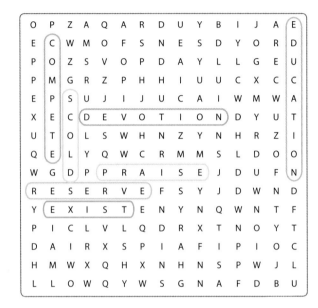

```
O P Z A Q A R D U Y B I J A E
E C W M O F S N E S D Y O R D
P O Z S V O P D A Y L L G E U
P M G R Z P H H I U U C X C C
E P S U J I J U C A I W M W A
X E C D E V O T I O N D Y U T
U T O L S W H N Z Y N H R Z I
Q E L Y Q W C R M M S L D O O
W G D P P R A I S E J D U F N
R E S E R V E F S Y J D W N D
Y E X I S T E N Y N Q W N T F
P I C L V L Q D R X T N O Y T
D A I R X S P I A F I P I O C
H M W X Q H X N H N S P W J L
L L O W Q Y W S G N A F D B U
```

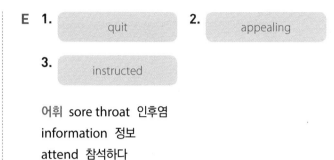

1주 창의·융합·코딩 전략 ② pp. 36~37

D

1. _____appeal_____ : 간청하다, 호소하다

2. _____admire_____ : 감탄하다, 존경하다

3. _____bother_____ : 괴롭히다

4. _____quit_____ : 그만두다

5. _____operation_____ : 운용, 작동, 수술

6. _____instruct_____ : 지시하다, 교육하다

E

1. quit 2. appealing

3. instructed

어휘 sore throat 인후염
information 정보
attend 참석하다

F

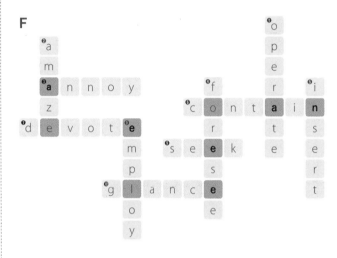

해석 [Across]
❻ 무언가를 한 부분으로 포함하다 ➡ ~이 함유되어 있다
❾ 무언가를 찾기 위해 노력하다 ➡ 추구하다, 찾다, 모색하다

[Down]
❶ 가르치다, 교육하다 : 교육, 교육 기관 = 운용하다, 작동하다, 수술하다 : 운용, 작동, 수술
❺ 무언가를 한 공간에 넣다 ➡ 끼워 넣다

BOOK 2 정답과 해설

2주 형용사와 부사

해석 ❶ 그건 정말 **짜릿했어**. 나는 그것을 한 번 더 타고 싶어.

해석 ❷ 정말? 그것참 **놀랍구나**!

해석 ❸ 토마토들이 매우 **신선해** 보여요!

해석 ❹ 너는 어떻게 **다쳤니**?

2주 1일 개념 돌파 전략 ❶   pp. 40~43

1-1 attractive
1-2 (1) addicted   (2) ideal   (3) further
2-1 thrilling
2-2 (1) scientific   (2) impressed   (3) typical
3-1 automatic
3-2 (1) civil   (2) official   (3) due
4-1 entire
4-2 (1) brilliant   (2) noble   (3) voluntary

2주 1일 개념 돌파 전략 ❷   pp. 44~45

A   1. 과학적인
    2. 시민의, 국가의, 국내의, 정중한, 예의 바른
    3. 전체의
    4. (공간, 시간상으로) 더 멀리, (정도가) 더, 더욱더
    5. 고귀한, 숭고한, 귀족의
    6. ~하기로 되어 있는, 예정된
    7. 인상 깊게 생각하는, 감동 받은
    8. 오싹하게 하는, 짜릿한, 떨리는
    9. 중독된
    10. 전형적인, 일반적인
    11. 공식적인, 공무상의; 공무원, 심판원
    12. 자원봉사의, 자발적인
    13. 빛나는, 훌륭한, 뛰어난
    14. 이상적인
    15. 끌어당기는, 매력적인
    16. 자동적인, 무의식적인

B   1. ideal   2. official   3. impressed   4. brilliant
    5. attractive   6. noble   7. automatic
    8. thrilling   9. civil   10. typical   11. voluntary
    12. addicted   13. entire   14. scientific
    15. further   16. due

C   1. ②   2. ②   3. ①

D   1. ①   2. ③   3. ①

C 해석 1. 내 차가 충분히 매력적이지 않니?
① 자원봉사의, 자발적인
③ 자동적인, 무의식적인
2. 나는 시험에 응시하기 위해서 공식적인 문서가 필요하다.
① (공간, 시간상으로) 더 멀리, (정도가) 더, 더욱더
③ 인상 깊게 생각하는, 감동 받은
3. 그는 올해 영화를 제작할 예정이다.
② 시민의, 국가의, 국내의, 정중한, 예의 바른
③ 전체의

D 해석 1. 나쁜 무언가를 하는 것을 멈출 수 없는: ① 중독된
② 빛나는, 훌륭한, 뛰어난
③ 과학적인
2. 그것의 좋은 기능 때문에 무언가에 매우 많이 감탄하는: ③ 인상 깊게 생각하는, 감동 받은
① 전체의
② 자동적인, 무의식적인
3. 나라에 사는 보통의 사람들과 관련된: ① 시민의
② 고귀한, 숭고한, 귀족의
③ 전형적인, 일반적인

2주 2일 필수 체크 전략 ❶
pp. 46~49

필수 예제 1	(1) recent (2) wounded (3) besides (4) rotten (5) invisible
확인 문제 1-1	(1) × (2) ○
확인 문제 1-2	(1) (v)isible (2) (r)ecent (3) (r)elative

확인 문제 1-1
해설 (1) besides는 '게다가', '또한'이라는 의미이므로, 우리말과 맞지 않는다. 따라서 beside(~의 옆에)로 고쳐 써야 한다.
(2) fresh는 '신선한', '새로운'이라는 의미이므로, 우리말에 맞는 표현이다.

ⓒ Soloviova Liudmyla / Shutterstock

확인 문제 1-2
해석 (1) 눈에 보이는: 보일 수 있는
(2) 최근의: 짧은 시간 전에 발생한
(3) 상대적인: 다른 것과 비교해서 고려되는

필수 예제 2	(1) messy (2) relaxed (3) technically (4) mostly (5) unreasonable
확인 문제 2-1	(1) ○ (2) ×
확인 문제 2-2	(1) (b)ackward (2) (r)elieved (3) (r)easonable

확인 문제 2-1
해설 (1) almost는 '거의', '하마터면'이라는 의미이므로, 우리말에 맞는 표현이다.
(2) tidy는 '깔끔한', '잘 정돈된'이라는 의미이므로, 우리말과 맞지 않는다. 따라서 messy(지저분한, 엉망인)로 고쳐 써야 한다.

확인 문제 2-2
해석 (1) 뒤로, 뒤쪽으로: 뒤에 있는 장소 쪽으로
(2) 안심한, 안도한: 나쁜 일이 발생하지 않아서 기쁜
(3) 합리적인: 특정한 상황 속에서 받아들일 수 있는

2주 2일 필수 체크 전략 ❷
pp. 50~51

1 ③   2 wounded   3 ④   4 ④   5 unreasonable

1 해설 ③은 부사, 나머지는 형용사이다.

해석 ① 지저분한, 엉망인
② 썩은, 부패한, 상한
③ 대부분, 대개
④ 기술의, 과학 기술의
⑤ 불합리한

2 해설 wounded: 상처를 입은, 다친, tidy: 깔끔한, 잘 정돈된

해석 구급차는 다친 소방관을 빠르게 병원으로 데려갔다.

3 해설 relieved는 '안심한', '안도한'이라는 의미로, ④ relaxed (누그러진, 긴장을 푼)와 의미가 유사하다.

해석 나는 실수가 없었다는 것에 그저 안심했다.
① 신선한, 새로운
② 최근의
③ 상대적인, 관련된
⑤ 합리적인, (가격이) 적정한

4 해설 invisible은 '보이지 않는'이라는 의미로, visible(눈에 보이는)과 반의어 관계이다.

해석 ① noble: 고귀한, 숭고한, 귀족의
② messy: 지저분한, 엉망인
③ injured: 상처를 입은, 다친
⑤ invisible: 보이지 않는

5 해설 그림 속 여자가 가격을 보고 놀라는 것으로 보아 unreasonable(불합리한)로 고쳐 쓰는 것이 자연스럽다.

해석 〈보기〉 rotten: 썩은, 부패한, 상한
relative: 상대적인, 관련된
backward: 뒤로, 뒤쪽으로
나는 콘서트 표 가격이 기술적이라고(→ 불합리하다고) 생각한다.

2주 3일 필수 체크 전략 ❶ pp. 52~55

필수 예제 3	(1) rapid (2) thankful (3) overall
	(4) major (5) rare
확인 문제 3-1	(1) ○ (2) ×
확인 문제 3-2	(1) (c)ruel (2) (m)inor (3) (g)rateful

확인 문제 3-1
해설 (1) overall은 '전반적으로'라는 의미이므로, 우리말에 맞는 표현이다.
(2) rare는 '희귀한', '드문'이라는 의미이므로, 우리말과 맞지 않는다. 따라서 common(흔히 있는, 공통의, 보통의)으로 고쳐 써야 한다.

확인 문제 3-2
해석 (1) 잔인한, 잔혹한, 무자비한: 고의로 사람들에게 고통을 초래하는
(2) 작은, 사소한: 다른 것들과 비교했을 때 매우 중요하지 않은
(3) 감사하는, 고마워하는: 좋은 일이 발생했거나 혹은 나쁜 일이 발생하지 않았다는 것에 감사함을 느끼는

필수 예제 4	(1) incredible (2) definitely
	(3) general (4) odd (5) unaware
확인 문제 4-1	(1) ○ (2) ×
확인 문제 4-2	(1) (o)dd (2) (g)eneral (3) (u)naware

확인 문제 4-1
해설 (1) unbelievable은 '믿을 수 없는'이라는 의미이므로, 우리말에 맞는 표현이다.
(2) legal은 '법적인', '법률상의'라는 의미이므로, 우리말과 맞지 않는다. 따라서 illegal(불법의)로 고쳐 써야 한다.

확인 문제 4-2
해석 (1) 이상한, 뜻밖의: 이상하거나 뜻밖인
(2) 일반적인, 사회 일반의: 대부분 사람이나 상황에 영향을 미치는
(3) 알아채지 못하는, 의식하지 못하는: 무언가를 깨닫거나 알지 못하는

2주 3일 필수 체크 전략 ❷　　pp. 56~57

1 ②　**2** grateful　**3** ⑤　**4** ④　**5** overseas

1 해설　②는 부사, 나머지는 형용사이다.

해석　① 이상한, 뜻밖의
② 빨리, 급속히
③ 흔히 있는, 공통의, 보통의
④ 관대한, 너그러운, 후한
⑤ 믿어지지 않는, 놀라운

2 해설　grateful: 감사하는, 고마워하는
definite: 확실한, 분명한

해석　우리 기관은 당신의 기부를 매우 감사하게 생각합니다.

3 해설　incredible은 '믿어지지 않는', '놀라운'이라는 의미로, ⑤ unbelievable(믿을 수 없는)과 의미가 유사하다.

해석　누구도 그 위험을 예측하지 못했다는 것은 놀랍다.
① 일반적인, 사회 일반의
② 불법의
③ 고맙게 생각하는, 감사하는
④ 구체적인

4 해설　generous는 '관대한', '너그러운', '후한'이라는 의미의 형용사이다.

해석　① cruel: 잔인한, 잔혹한, 무자비한
② rapid: 빠른, 신속한, 민첩한
③ general: 일반적인, 사회 일반의
⑤ reasonable: 합리적인, (가격이) 적정한

5 해설　세계 여러 지역에 회사가 있는 것으로 보아, overseas(해외의; 외국으로)로 고쳐 쓰는 것이 자연스럽다.

해석　〈보기〉 add: 더하다, 덧붙여 말하다

rare: 희귀한, 드문
definite: 확실한, 분명한
우리 회사는 종합적인(→ 해외의) 지점들이 많이 있다.

2주 4일 교과서 대표 전략 ❶　　pp. 58~61

1 (1) rapidly　(2) absolute　**2** odd　**3** ④　**4** ③
5 (o)verall　**6** ②　**7** ⑤　**8** ①　**9** (1) thrilling
(2) addicted　(3) ideal　**10** ⑤　**11** ②　**12** ⑤
13 ②　**14** ④　**15** tidy → messy　**16** ③

1 해석　(1) 최근의 : 최근에, 요즈음 = 빠른, 신속한, 민첩한 : 빨리, 급속히
(2) 상대적인, 관련된 : 절대적인, 완전한 = 법적인, 법률상의 : 불법의

2 해석　그녀가 파티에 오지 않은 건 이상하다.
add: 더하다, 덧붙여 말하다

3 해석　사람에 의한 작동 없이 발생하는: ④ 자동적인
① 이상적인
② 눈에 보이는
③ 앞으로, 앞쪽으로
⑤ 자원봉사의, 자발적인

4 해설　injured는 '상처를 입은', '다친'이라는 의미로, ③ wounded(상처를 입은, 다친)와 의미가 유사하다.

해석　그녀는 너무 심하게 다쳐서 혼자 걸을 수 없다.
① 전형적인, 일반적인
② 오싹하게 하는, 짜릿한, 떨리는
④ 기술의, 과학 기술의
⑤ 합리적인, (가격이) 적정한

5 해석 (1) 종합 우승자는 자선 단체에 상금을 기부했다.
(2) 전반적으로, 나는 모두가 최선을 다했다고 생각한다.

6 해석 ② 빠른, 신속한, 민첩한: 짧은 시간 안에 발생하는
① 시민의, 국가의, 국내의, 정중한, 예의 바른
③ 잔인한, 잔혹한, 무자비한
④ 과학적인
⑤ 빛나는, 훌륭한, 뛰어난

7 해설 ⑤ rare는 '희귀한', '드문'이라는 의미의 형용사이다.

해석 ① 행복은 상대적이다.
② 사용 후에 체육관을 깔끔하게 해라.
③ 네가 상한 것을 먹은 건 아닌지에 대해 생각해 봐라.
④ 나의 여동생은 열심히 공부하는 데 방학 전체를 다 보냈다.
⑤ 유명한 그림들을 무료로 보는 것은 드문 기회이다.

8 해석 허가 없이 이 건물에 들어가는 것은 불법이다.
② 알아채지 못하는, 의식하지 못하는
③ 게다가, 또한
④ 보이지 않는
⑤ 믿어지지 않는, 놀라운

9 해석 (1) 나는 다음 에피소드가 더 오싹할 것이라고 예상한다.
(2) 나는 나의 남동생이 스마트폰 중독이라고 생각한다.
(3) 이 장치를 적극적으로 사용하는 것이 문제에 대한 가장 이상적인 해결책일 것이다.

10 해석 나는 그것의 독특한 디자인과 구조가 인상 깊었다.
① 이상한, 뜻밖의
② 지저분한, 엉망인
③ 상처를 입은, 다친
④ 일반적인, 사회 일반의

11 해설 B가 A의 말을 듣고 동아리 가입에 동의한 것으로 보아, vegetable(채소)이 fresh(신선한, 새로운)한 것이 문맥상 자

연스럽다. 따라서 빈칸에 알맞은 말은 ② fresh이다.

해석 A: 만약 네가 초록 정원 동아리에 가입하면 너는 매달 신선한 채소를 먹을 수 있어. 그것에 대해 어떻게 생각해?
B: 좋아! 나는 채소를 먹는 것을 좋아해.
① 시민의, 국가의, 국내의, 정중한, 예의 바른
③ 공식적인, 공무상의; 공무원, 심판원
④ 기술의, 과학 기술의
⑤ 안심한, 안도한

12 해석 ・그들은 미로를 탈출하기 위해 훌륭한 전략을 세웠다.
・나의 할아버지께서는 세계에서 가장 뛰어난 항해사 중 한 분이시다.
① ~하기로 되어 있는, 예정된
② 깔끔한, 잘 정돈된
③ 큰 쪽의, 중요한
④ 거의, 하마터면

13 해석 이 예술 작품은 고딕 양식의 전형적인 예시이다.
(= 특정한 사람, 사물 등이 갖고 있다고 예상하는 모든 특징을 가지고 있는)
① 전체의
② 전형적인, 일반적인
③ 상대적인, 관련된
④ 상처를 입은, 다친
⑤ 기술의, 과학 기술의

14 해석 학생들은 선생님의 제안에 대부분 동의했다.
① 알고 있는, 의식하고 있는
② 잔인한, 잔혹한, 무자비한
③ 작은, 사소한
⑤ 최근에, 요즈음

15 해설 tidy는 '깔끔한', '잘 정돈된'이라는 의미이므로, 우리말과 맞지 않는다. 따라서 messy(지저분한, 엉망인)로 고쳐 써야 한다.

16 해석 뒤로, 뒤쪽으로: 뒤에 있는 장소나 위치 쪽으로

① 눈에 보이는

② ~하기로 되어 있는, 예정된

③ 뒤에

④ 앞에

⑤ 종합적인; 전반적으로

2주 4일 교과서 대표 전략 ❷   pp. 62~63

1 ⑤   2 ④   3 ①   4 (1) further   (2) ideal
(3) almost   5 ②   6 ③

1 해설 (1) ② beside

(2) ④ official

(3) ① entire

(4) ③ recent

해석 (1) 피아노 옆에서 노래를 부르는 소녀는 누구니?

(2) 너의 나라의 공식 언어는 무엇이니?

(3) 설명 후에, 그들은 그 그림 전체를 다시 보았다.

(4) 최근의 연구는 혼자 사는 사람의 수가 작년보다 늘었다는 것을 보여준다.

2 해설 소스가 이상한 것이 아니고 추가해 달라고 요청하는 것이므로, odd(이상한, 뜻밖의)를 add(더하다)로 고쳐 써야 한다.

해석 ① 내가 생각하기에 그 후식은 흔한 것 같다.

② 나는 네가 일을 빨리 끝내기를 희망한다.

③ 그녀는 그 귀신들이 눈에 보인다고 믿는다.

④ 빵에 소스를 약간 이상해(→ 추가해) 주세요.

⑤ 창업하기 위해서 우리는 놀라운 양의 돈이 필요하다.

3 해설 '공평하지 않거나 받아들일 수 없는'이라는 의미의 단어는 unreasonable(불합리한)이다.

해석 우리 학급만 제외하고 모든 학급이 새로운 컴퓨터를 받는 것은 불합리하다.

② 기계의 사용과 연관된(technical)

③ 너의 앞에 있는 장소 쪽으로(forward)

④ 자주 보이지 않거나 발생하지 않는(rare)

⑤ 상황에 따라 바뀌지 않는(absolute)

4 해설 (1) '(정도가) 더, 더욱더'라는 의미의 단어는 further이다.

(2) '이상적인'이라는 의미의 단어는 ideal이다.

(3) '거의', '하마터면'이라는 의미의 단어는 almost이다.

5 해석 • 너는 돈을 모으는 데 구체적인 목적이 있니?

• 나는 그 남자에 대해 더 구체적인 정보를 원한다.

① 빠른, 신속한, 민첩한

③ 썩은, 부패한, 상한

④ 일반적인, 사회 일반의

⑤ 감사하는, 고마워하는

6 해설 빈칸이 포함된 문장은 최근에 사람들이 겪고 있는 빛 공해와 관련된 문제점을 제시하고 있으므로, 문맥상 빈칸에 들어갈 가장 알맞은 단어는 ③ recent(최근의)이다.

지문 해석 최근의 한 보고서에 따르면, 세계 인구의 약 80퍼센트가 밤에 충분히 어둡지 않은 하늘 아래에서 살고 있습니다. 특히 대도시에서는 사람들이 흔히 별이 가득한 밤을 볼 수가 없습니다. 이들은 또한 낮과 밤의 자연적인 리듬이 인공적인 빛에 의해 방해를 받기 때문에 수면 문제로 고통을 받을 수 있습니다.

해석 ① 이상한, 뜻밖의

② 알고 있는, 의식하고 있는

④ 종합적인; 전반적으로

⑤ 믿어지지 않는, 놀라운

2주 누구나 합격 전략   pp. 64~65

1 ①   2 ②   3 (c)ommon   4 (1) definite
(2) minor   5 ③   6 add   7 ①

1 해설 '신선한', '새로운'이라는 의미의 형용사는 ① fresh이다.

해석 ② 썩은, 부패한, 상한
③ 상처를 입은, 다친
④ 기술의, 과학 기술의
⑤ 관대한, 너그러운, 후한

2 해설 ②는 전치사, 나머지는 형용사이다.

해석 ① 눈에 보이는
② ~의 옆에
③ 중독된
④ 안심한, 안도한
⑤ 상처를 입은, 다친

3 해석 자주 발생하거나 많은 사람에게 속해 있는: 흔히 있는, 공통의, 보통의

4 해설 (1) '확실한'이라는 의미의 형용사는 definite이다.
(2) '작은', '사소한'이라는 의미의 형용사는 minor이다.

해석 〈보기〉 overseas: 해외의; 외국으로

5 해설 ③의 두 단어는 서로 혼동하기 쉬운 단어이고, 나머지는 반의어 관계이다.

해석 ① 지저분한, 엉망인 – 깔끔한, 잘 정돈된
② 법적인, 법률상의 – 불법의
③ 거의, 하마터면 – 대부분, 대개
④ 잔인한, 잔혹한, 무자비한 – 관대한, 너그러운, 후한
⑤ 상대적인, 관련된 – 절대적인, 완전한

6 해설 글의 흐름상 새로운 친구를 명단에 '추가하면'이라는 내용이 되어야 하므로 네모 안에서 알맞은 단어는 add(더하다, 더붙여 말하다)이다. odd는 '이상한', '뜻밖의'라는 의미의 형용사이다.

지문 해석 여러분은 친구를 바꿀 수 있습니다. 이상하게 들리죠? 여러분은 아마도 완벽한 수의 친구들이 있다고 생각할지 모릅니다. 그러나 여러분이 명단에 새 친구 한 명을 추가하면, 여러분은 전보다 훨씬 더 기분이 좋아질 것입니다.

7 해설 빈칸 뒤 엉망으로 만든다는 내용과 반대여야 하므로, 빈칸에 알맞은 말은 ① tidy(깔끔한, 잘 정돈된)이다.

지문 해석 어느 날 Square는 방을 더 낮게 만들기로 결심했고 나머지 요정들에게 소리쳤다.
"이 식물들을 치워, 그렇지 않으면 그것들의 끝이 뾰족한 잎사귀들이 누군가를 다치게 할 거야!"라고 그가 Triangle에게 말했다.
"하지만 Mike가 매일 그들에게 물을 줘."라고 Triangle이 말했다.
"이 훌라후프를 치워, 그렇지 않으면 굴러가서 뭔가를 부술 거야!"라고 그가 Circle에게 말했다.
"하지만 Mike는 매일 그것으로 운동을 해."라고 Circle이 말했다.
"나는 이 방을 정돈하려고 애쓰지만, 너희 둘은 항상 엉망으로 만들어."라고 그가 불평했다.

해석 ② 전체의
③ 과학적인
④ 확실히, 명확하게
⑤ 자원봉사의, 자발적인

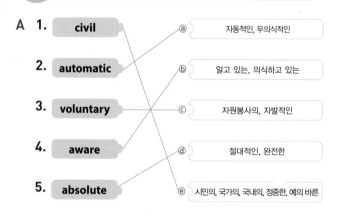

2주 창의·융합·코딩 전략 ❶   pp. 66~67

A 1. **civil**   ⓐ 자동적인, 무의식적인
2. **automatic**   ⓑ 알고 있는, 의식하고 있는
3. **voluntary**   ⓒ 자원봉사의, 자발적인
4. **aware**   ⓓ 절대적인, 완전한
5. **absolute**   ⓔ 시민의, 국가의, 국내의, 정중한, 예의 바른

B 1. civil   2. aware
3. automatic

어휘 conflict 갈등   suddenly 갑자기
except ~을 제외하고   emergency 비상
situation 상황

C

끌어당기는, 매력적인	과학적인	고귀한, 숭고한, 귀족의
attractive	scientific	noble

상처를 입은, 다친	법적인, 법률상의	구체적인
injured	legal	specific

```
K U E A O J H L W O Z S R W W
K I X S C D G U A U D D U D V
T N J C Y G B P X S C B C F K
J J G I R G D F K P L O U R I
C U I E C P N K G E X O D V S
V R J N J B D A N C C X O G P
B E J T M U F L D I B U S N K
R D C I N P W E R F W W S O F
I W D F W V K G I I K P Z B J
L Z P I R F F A O C P O J L H
L F J C H D Y L D J R W W E Q
I V W R L W N R K H L G R O X
A Y A T T R A C T I V E G J T
N Z G M D H Y D R A T N K J Z
T D H H T J C U L L T K B T I
```

2주 창의·융합·코딩 **전략 ②**   pp. 68~69

D 1. **addicted** : 중독된

2. **ideal** : 이상적인

3. **typical** : 전형적인, 일반적인

4. **entire** : 전체의

5. **definite** : 확실한, 분명한

6. **rotten** : 썩은, 부패한, 상한

E 1. ideal   2. entire

3. definite

어휘 conclusion 결론   process 과정

F

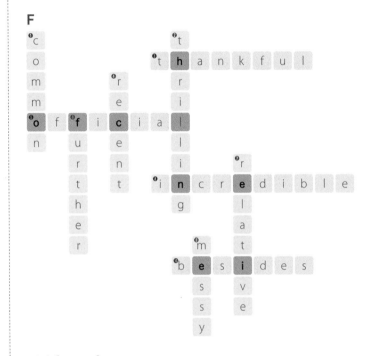

해석 [Across]

⑩ 무언가에 더해서 → 게다가, 또한

[Down]

❶ 썩은, 부패한, 상한 : 신선한, 새로운 = 희귀한, 드문 : 흔히 있는, 공통의, 보통의

❷ 매우 재미있고 흥미로운 → 오싹하게 하는, 짜릿한, 떨리는

❼ 상대적인, 관련된 : 절대적인, 완전한 = 법적인, 법률상의 : 불법의

신유형·신경향·서술형 전략   pp. 72~75

1 (A) encourage   (B) education   2 devote

3 (A) pray   (B) exist

4 (1) operation   (2) counselor   5 incredible

6 aware   7 (A) forward   (B) definite

8 (1) almost   (2) recently

1 해설 (A) discourage(낙담시키다, 용기를 잃게 하다)와 반대되는 말은 encourage(격려하다, 용기를 북돋우다)이다.
(B) educate(가르치다, 교육하다)의 명사형은 education(교육, 교육 기관)이다.

해석 advertise: 광고하다
employ: 고용하다, 이용하다

2 해석 무언가를 하기 위해 시간의 대부분을 사용하다
나는 음악을 작곡하는 데 내 삶을 바치고 싶다.

3 해설 (A) prey(먹이, 희생자)와 혼동하기 쉬운 단어는 pray(기도하다)이다.
(B) existence(존재, 실재)의 동사형은 exist(존재하다, 생존하다)이다.

해석 typical: 전형적인, 일반적인
general: 일반적인, 사회 일반의
entire: 전체의

4 해석 (1) 그것은 그녀가 의사로서 했던 첫 번째 수술이었다.
(2) 나는 네가 정말 좋은 상담역이라고 확신한다.

5 해설 relieved(안심한, 안도한)와 relaxed(누그러진, 긴장을 푼)는 유의어 관계이다. unbelievable(믿을 수 없는)의 유의어는 incredible(믿어지지 않는, 놀라운)이다.

6 해석 우리는 모든 사람이 이 질병의 위험성에 대해 지치게(→ 알도록) 할 필요가 있다.

7 해설 (A) backward(뒤로, 뒤쪽으로)와 반대되는 말은 forward(앞으로, 앞쪽으로)이다.
(B) definitely(확실히, 명확하게)의 형용사형은 definite(확실한, 분명한)이다.

해석 specific: 구체적인
further: (공간, 시간상으로) 더 멀리, (정도가) 더 더욱더

mostly: 대부분, 대개
rapidly: 빨리, 급속히

8 해석 (1) 이 호텔 안에 있는 모든 방은 거의 다 똑같다.
(2) 그는 최근에 훌륭한 것을 발명했다.

적중 예상 전략 | ❶   pp. 76~79

1 ③ 2 ② 3 (e)ncourage 4 ② 5 operation
6 ③ 7 instruct(ed) 8 appeal(ed) 9 ⑤
10 (f)oresees 11 ② 12 (d)evote(s) 13 ⑤
14 ④ 15 (c)ontain(s) 16 ③ 17 ①
18 (e)ducation 19 exist

1 해설 '누군가를 불쾌하게 하는 무언가를 말하거나 하다'의 의미를 가진 동사는 ③ insult(모욕하다, 창피 주다)이다.

해석 ① 추구하다, 찾다, 모색하다
② 끼워 넣다
④ 짜증 나게 하다, 귀찮게 하다
⑤ 관리하다

2 해설 '누군가에게 날카롭게 말하다'의 의미를 가진 동사는 ② scold(꾸짖다, 잔소리하다)이다.

해석 엄마는 나의 무례한 행동을 꾸짖으셨다.
① 기도하다
③ (시간, 재산, 노력 등을) 바치다, 헌신하다
④ 칭찬하다; 칭찬
⑤ 지시하다, 교육하다

3 해석 누군가에게 자신감을 주다: 격려하다, 용기를 북돋우다

4 해설 대화의 흐름상 댄스 음악보다 재즈 음악을 '더 좋아한다'는 것이 자연스러우므로 빈칸에 들어갈 말로는 ② prefer(~을 더 좋아하다)가 알맞다.

해석 A: 너는 댄스 음악을 좋아하니?
B: 응, 나는 그것을 좋아해. 하지만 나는 댄스 음악보다 재즈 음악을 더 좋아해. 왜냐하면, 재즈 음악은 나를 편안하게 만들어주기 때문이야.
① 끼워 넣다

③ 배달하다
④ 물리치다, 패배시키다
⑤ 광고하다

5 **해설** 전치사 in 뒤에는 명사가 와야 하므로, operate(운용하다, 작동하다, 수술하다)를 명사형인 operation(운용, 작동, 수술)으로 고쳐 써야 한다.

해석 작동 중에는 기계에 손대지 마시오.

6 **해설** 〈보기〉와 ③의 단어는 반의어 관계이다. ①, ②, ⑤의 단어는 서로 혼동하기 쉬운 단어이며, ④는 동사와 명사 관계이다.

해석 〈보기〉낙담시키다, 용기를 잃게 하다 – 격려하다, 용기를 북돋우다
① 빚을 지다, 신세를 지다 – 소유하다; 자신의
② 끼워 넣다 – 모욕하다, 창피 주다
③ 꾸짖다, 잔소리하다 – 칭찬하다; 칭찬
④ 배달하다 – 배달, 전달
⑤ 비교하다, 견주다 – 경쟁하다, 겨루다

7 **해설** 그림 속 선생님이 여학생에게 문을 잠그라고 '지시하고' 있으므로, instruct(지시하다, 교육하다)가 알맞다.

해석 〈보기〉amaze: 놀라게 하다
defeat: 물리치다, 패배시키다
나의 선생님은 나에게 교실 문을 잠그라고 지시하셨다.

8 **해설** appeal(간청하다, 호소하다)은 누군가에게 부탁할 때 주로 쓰인다.

9 **해설** warn은 '경고하다'라는 의미의 동사이고, cure는 '치료하다', '치유하다'라는 의미의 동사이다. care는 '관심을 가지다', '걱정하다'라는 의미의 동사이다.

해석 • 나의 부모님은 친구들과 싸우지 말라고 나에게 경고하셨다.
• 의사는 아픈 사람들을 치료할 수 있는 전문적인 사람이다.

10 **해설** 이 문장에서 forecast는 '예측하다', '예상하다'라는 의미로 쓰였으므로 이와 바꾸어 쓸 수 있는 말은 foresee(예견하다, 예측하다)이다.

해석 나의 상급자는 회의가 한 시간 후에 끝날 것이라고 예상한다.

11 **해설** 의미상 '자신의' 농장을 열어 오이와 토마토를 키우겠다고 하는 것이 자연스러우므로, 빈칸에 들어갈 말은 ② own (소유하다; 자신의)이다.

해석 내가 미래에 내 소유의 농장을 운영하게 된다면, 나는 토마토와 오이를 심을 것이다.
① 빚을 지다, 신세를 지다
③ 교육, 교육 기관
④ 관리자
⑤ 졸업(식)

어휘 run 운영하다
cucumber 오이

12 **해설** 대화의 흐름상 바다 보존에 헌신한 사람에 관해 이야기하고 있으므로 빈칸에 들어갈 말로는 devote((시간, 재산, 노력 등을) 바치다, 헌신하다)가 알맞다.

해석 A: 너는 이 사진 속의 남성을 아니?
B: 나는 그를 몰라. 그는 누구니?
A: 그는 평생을 바다 보존에 헌신한 훌륭한 환경보호론자야.
B: 와, 그는 정말 멋지다.

어휘 environmentalist 환경보호론자
preserve 보존하다

13 **해설** 사진 속 여자가 설명서를 보고 있으므로 그녀가 세탁기를 '작동시키는' 법을 모른다는 의미가 되어야 한다. 따라서 빈칸에 알맞은 단어는 ⑤ operate(작동하다)이다.

해석 그녀는 세탁기를 작동시키는 법을 모른다.
① 존재하다, 생존하다
② 괴롭히다
③ 관리하다
④ 예약하다

14 해설 ④ confused는 '혼란스러운'이라는 의미의 형용사이다.

해석 ① 정말 놀랍다!
② 나는 밤에 피자를 배달한다.
③ 너는 나에게 5달러를 빚지고 있다.
④ 그의 명령은 우리를 혼란스럽게 만들었다.
⑤ 너는 이 광고를 본 적이 있니?

15 해설 seek는 '추구하다', '찾다', '모색하다'라는 의미로, 우리말에 맞추어 contains(~이 함유되어 있다)로 고쳐 써야 한다.

16 해설 exist는 '존재하다', '생존하다'라는 의미의 동사이다.

해석 • 사람이 2주 동안 물 없이 생존하는 것은 힘들다.
• 이 그림은 오직 이 미술관에만 존재한다.
① 기도하다
② 물리치다, 패배시키다
④ 흘끗 보다, 대충 훑어보다
⑤ 피하다, 회피하다

17 해설 영영 풀이에 해당하지 않는 단어는 ① care이다.
care: to worry about something(무언가에 대해 걱정하다)

해석 ⓐ 누군가를 놀라게 하다(amaze)
ⓑ 누군가를 다시 건강하게 만들다(cure)
ⓒ 팀이나 사업을 통제하다(manage)
ⓓ 도움을 요청하기 위해 신에게 말하다(pray)

18 해설 연재만화가 무언가를 배우기 더 쉽고 명료하게 만든다는 점에서 문맥상 빈칸에 알맞은 말은 education(교육)이다.

지문 해석 몇 가지 만화 그림이 모여서 이야기를 들려주게 되면, 그것이 연재만화가 된다. 연재만화는 여러 해 동안 신문에 실려 왔다. 그것들은 종종 그저 재미있는 이야기이다. 사람들은 연재만화를 교육용으로 사용해 오기도 했다. 만화는 정보를 더 명료하고 더 쉽게 배우도록 만들 수 있다. 여러분은 아마 만화 역사책이나 과학책을 본 적이 있을 것이다.

어휘 several 몇몇의
cartoon 만화
comic strip 연재만화
amusing 재미있는, 즐거운
clear 명료한
probably 아마도

19 해설 글의 흐름상 셀피 박물관이 한국에도 '존재한다'라는 의미가 자연스러우므로 빈칸에 알맞은 단어는 exist(존재하다, 생존하다)이다. existence(존재, 실재)는 exist의 명사형이다.

지문 해석 당신은 재미있는 셀피를 찍기 위해 특별한 박물관을 방문할 수 있습니다. 예를 들면, 필리핀에는 유명한 셀피 박물관이 있습니다. 그곳에는 셀피를 찍기 위한 특별한 장소들이 있습니다. 여러분은 그림을 만질 수도 있고 심지어는 그 안에 들어갈 수도 있습니다. 다음 사진들을 보세요. 비록 소년들은 정말로 말을 타고 있지는 않지만, 그렇게 하고 있는 것처럼 보입니다. 남자는 단지 큰 붓을 잡고 있지만, 그는 모나리자를 그리고 있는 것처럼 보입니다. 셀피 박물관은 한국에도 존재합니다. 저는 전에 춘천에 있는 한 곳을 방문한 적이 있습니다. 여러분도 직접 가 보는 것이 어떠세요?

어휘 selfie 셀피, 셀카
famous 유명한
spot 장소
step inside ~에 들어가다

적중 예상 전략 | ❷   pp. 80~83

1 ④   2 ③   3 (g)enerous   4 ②   5 ⑤   6 ③
7 addicted   8 reasonable   9 ③   10 (r)elieved
11 ③   12 ⑤   13 (r)ecently   14 ①   15 ④   16 ⑤
17 (u)naware   18 fresh   19 ①

1 해설 '권한이 있는 기관이나 누군가에 의해 허락된'의 의미를 가진 단어는 ④ official(공식적인, 공무상의)이다.
① ~하기로 되어 있는, 예정된
② 시민의, 국가의, 국내의, 정중한, 예의 바른
③ 이상적인
⑤ 자원봉사의, 자발적인

2 해설 '특정한 것에 대해 세부적인'이라는 의미의 형용사는 ③ specific(구체적인)이다.

해석 만날 구체적인 시간과 장소를 나에게 알려줘.
① 신선한, 새로운
② 지저분한, 엉망인
④ 일반적인, 사회 일반의
⑤ 합리적인, (가격이) 적정한

3 해설 기꺼이 무료로 주려고 하는: 관대한, 너그러운, 후한

4 해설 대화의 흐름상 치즈를 '추가하는' 것이 자연스러우므로 빈칸에 들어갈 말로는 ② add(더하다)가 알맞다.

해석 A: 나는 다음에 무엇을 해야 하니?
B: 치즈를 더하고 오븐에 약 12분 정도 구워.
① 이상한, 뜻밖의
③ 깔끔한, 잘 정돈된
④ 작은, 사소한
⑤ 감사하는, 고마워하는

5 해설 ⑤는 '전반적으로'라는 의미의 부사로 쓰였고, 나머지는 '종합적인'이라는 의미의 형용사로 쓰였다.

해석 ① 너의 일의 종합적인 비용을 확인해 봐라.
② 그의 종합적인 학교 성적은 꽤 좋다.
③ 너의 행동의 종합적인 영향력을 생각했니?
④ 나에게 이 발표에 대한 너의 종합적인 의견을 말해줘.
⑤ 전반적으로, 나는 그의 그림이 우리 식당에 가장 적합하다고 생각한다.

6 해설 〈보기〉와 ③의 단어는 반의어 관계이다. ①은 형용사와 부사 관계이고, ②, ④, ⑤의 단어는 유의어 관계이다.

해석 〈보기〉 눈에 보이는 – 보이지 않는
① 최근의 – 최근에, 요즈음
② 안심한, 안도한 – 누그러진, 긴장을 푼
③ 상대적인, 관련된 – 절대적인, 완전한
④ 상처를 입은, 다친 – 상처를 입은, 다친
⑤ 믿어지지 않는, 놀라운 – 믿을 수 없는

7 해설 그림 속에서 여자는 아들이 비디오 게임에 다시 '중독되는' 것을 원치 않으므로, 빈칸에 알맞은 말은 addicted(중독된)이다.

해석 〈보기〉 noble: 고귀한, 숭고한, 귀족의
automatic: 자동적인, 무의식적인
그녀는 아들이 비디오 게임에 다시 중독되는 것을 원하지 않는다.

8 해설 reasonable(합리적인, (가격이) 적정한)은 최고의 상황은 아니지만 충분히 좋다고 판단될 때 주로 사용한다.

9 해설 rare는 '희귀한', '드문'이라는 의미의 형용사이고, major는 '큰 쪽의', '중요한'이라는 의미의 형용사이다. common은 '흔히 있는', '공통의', '보통의'라는 의미의 형용사이다.

해석 • 해외에서 우연히 친구를 만나는 것은 드물다.
• 그녀는 회사를 돕는 데 중요한 역할을 했다.

10 해설 직장에서 해고되지 않았다고 했으므로 아내가 '실망했다 (disappointed)'는 표현은 알맞지 않다. 따라서 disappointed를 relieved(안심한, 안도한)로 고쳐 써야 한다.

해석 〈보기〉 illegal: 불법의
attractive: 끌어당기는, 매력적인
나의 아내는 내가 직장에서 해고당하지 않았다는 것에 실망했다(→ 안심했다).

11 해설 의미상 '문제가 흔하지 않다'는 것이 자연스러우므로, 빈칸에 알맞은 단어는 ③ common(흔히 있는, 공통의, 보통의)이다.

해석 편지를 읽은 후, 그는 그 소녀의 문제가 매우 흔하지 않다고 생각했다.
① 깔끔한, 잘 정돈된
② 빠른, 신속한, 민첩한
④ 뒤로, 뒤쪽으로
⑤ 상처를 입은, 다친

12 해설 Lucas는 아이들에게 영어를 가르치는 자원봉사 프로그램에 참여하고 있으므로 알맞은 단어는 ⑤ voluntary(자원봉사의)이다.

해석 Lucas는 매달 아이들에게 영어를 가르치는 자원봉사 프로그램에 참여한다.
① ~하기로 되어 있는, 예정된
② 고귀한, 숭고한, 귀족의
③ 전체의
④ 과학적인

13 해설 빈칸 뒤에 이어지는 대화에서 B는 요즘 숙제를 하느라 바쁘다고 했으므로 '최근에' 책을 읽지 못했다는 것이 자연스럽다. 따라서 빈칸에 알맞은 말은 recently(최근에, 요즈음)이다.

해석 A: 너는 책 읽는 것을 좋아하니?
B: 응, 나는 정말 좋아해. 하지만, 나는 <u>최근에</u> 책을 읽은 적이 없어.
A: 왜?
B: 나는 요즘 숙제를 하느라 바빠.

14 해설 absolute는 '절대적인', '완전한'이라는 의미의 형용사이다.

해석 ① <u>절대적인</u> 진리란 없다.
② 당신은 제게 <u>법적인</u> 충고를 해 주실 수 있나요?
③ <u>게다가</u>, 나는 수영을 잘하지 못한다.
④ 나는 네가 강연에서 말했던 <u>기술적인</u> 용어들을 모른다.
⑤ 빠른 경제 성장 덕분에, 지금 많은 사람들이 높은 생활 수준을 누리고 있다.

15 해설 definitely는 '확실히', '명확하게'라는 의미의 부사이다.

해석 • 그녀는 <u>확실히</u> 그가 말했던 것을 이해하지 못했다.
• 나는 우리가 교실에서 처음 만났던 때를 <u>명확하게</u> 기억한다.
① 큰 쪽의, 중요한
② 구체적인
③ 해외의; 외국으로
⑤ 믿어지지 않는, 놀라운

16 해설 영영 풀이에 해당하지 않는 단어는 ⑤ thrilling이다.
thrilling: very exciting and interesting(매우 재미있고 흥미로운)

해석 ⓐ 너무 잘하거나 현명한(brilliant)
ⓑ 모든 것을 포함하는(entire)
ⓒ 특정한 시간에 발생할 것이 계획된(due)
ⓓ 사람들이 존경할 만한 좋은 성격을 가진(noble)

17 해설 general은 '일반적인', '사회 일반의'라는 뜻으로, 우리말 뜻에 맞추어 unaware(알아채지 못하는, 의식하지 못하는)로 고쳐 써야 한다.

18 해설 글의 흐름상 암탉이 신선하고 따뜻한 달걀을 품고 있었다는 것이 자연스러우므로, fresh(신선한, 새로운)가 빈칸에 알맞다. rotten(썩은, 부패한, 상한)은 fresh와 의미가 반대되는 단어이다.

지문 해석 Wilfrid는 Cooper 할머니께 드릴 기억들을 찾으러 집으로 돌아갔다. 그는 닭장 안으로 들어가서 암탉이 품고 있던 <u>신선하고</u> 따뜻한 달걀을 꺼냈다. 다음으로, 그는 자신의 양말 인형을 찾았다. 그것은 항상 그의 부모님께 웃음을 안겨 드렸다. 마지막으로, 그는 자신의 장난감 상자 속에서 축구공을 찾아냈다. 그것은 그에게는 금만큼이나 소중했다.

어휘 memory 기억, 추억
hen 암탉
sock puppet 양말 인형
laughter 웃음
precious 소중한

19 해설 연간 강수량이 1~3밀리미터 정도라고 하였으므로 비가 '거의' 오지 않는다고 하는 것이 자연스럽다. 그러므로 빈칸에 알맞은 단어는 ① almost(거의, 하마터면)이다.

지문 해석 아타카마사막은 지구에서 가장 건조한 사막입니다. 몇몇 지역은 비가 <u>거의</u> 오지 않아서, 연간 강수량이 1~3밀리미터에 그칩니다! 어떤 지역의 토양은 너무 건조해서 어떤 식물도 자랄 수 없습니다. 이처럼 건조한 곳에서 과학자들이 무슨 일을 하는지 알고 있나요? 이 사막의 토양은 화성의 토양과 아주 비슷해서, 그들은 우주로의 여행을 준비합니다. 또한 아타카마사막은 지구에서 별을 관측하기에 가장 좋은 장소들 중 하나이기도 합니다.

해석 ② 빨리, 급속히
③ 확실히, 명확하게
④ 믿어지지 않는, 놀라운
⑤ 불합리한

어휘 dry 건조한
desert 사막
soil 토양
similar 비슷한
Mars 화성
prepare 준비하다
outer space 우주